미래와 통하는 책

동양북스 외국어 베스트 도서

700만 독자의 선택!

두근두근 스토리가 있는

일본어뱅크

톡톡
トクトク

도모다찌

강경자 · 정희순 · 유혜경 · 박은숙 · 아시키 게이코 지음

STEP 1

동양북스

두근두근 스토리가 있는

일본어뱅크 톡톡 도모다찌 STEP 1

초판 25쇄 | 2024년 9월 5일

지은이 | 강경자, 정희순, 유혜경, 박은숙, 아시키 게이코
발행인 | 김태웅
책임 편집 | 길혜진, 이서인
디자인 | 남은혜, 김지혜
일러스트 | Illustrong, 스위치
마케팅 총괄 | 김철영
온라인 마케팅 | 김은진
제 작 | 현대순

발행처 | ㈜동양북스
등 록 | 제 2014-000055호
주 소 | 서울시 마포구 동교로22길 14(04030)
구입 문의 | 전화 (02)337-1737 팩스 (02)334-6624
내용 문의 | 전화 (02)337-1762 dybooks2@gmail.com

ISBN 978-89-8300-891-6 14730
978-89-8300-890-9 14730(세트)

▶ 잘못된 책은 구입처에서 교환해드립니다.

▶ 도서출판 동양북스에서는 소중한 원고, 새로운 기획을 기다리고 있습니다.

http://www.dongyangbooks.com

머리말

새로운 시대에 필요한 새로운 언어 감각!!

시대의 변화에 따라 변하는 것이 많이 있지만 무엇보다 민감한 변화는 우리들의 언어생활이라고 여겨집니다.

시대의 변화에 따라 사람들의 관심과 언어 표현은 끊임없이 변하며, 이러한 변화하는 시대 분위기 속에 뛰어난 외국어 실력을 갖춘다는 것은 그 시대의 아이콘이 되는 톡톡 튀는 표현을 유감없이 발휘할 수 있는 언어 감각을 가진다는 것일 것입니다. 이 교재는 이러한 문제의식 속에 집필되었습니다.

일반적으로 트렌디한 소재로 재미있게 전개되는 학습서는 지나치게 재미 위주로 편중되어 있어 학습서로는 부족하거나, 시험 대비를 위한 학습서는 너무 딱딱한 수험서 느낌의 책으로 집필되어서 재미있게 공부하며 시험 대비를 할 수 있는 책은 참으로 드문 것 같습니다.

어떻게 하면 재미있게 트렌디한 감각으로 실용 일본어를 배우되 문법과 어휘, 청취와 독해 능력까지 골고루 배양하여 시험 대비를 위한 실력까지 갖출 수 있는 교재를 제공해 줄 수 있을까? 하는 문제의식의 출발이 이 교재의 집필 동기라 할 수 있습니다.

이 교재는 톡톡 튀는 트렌디한 감각을 생생하고 현실감 넘치는 스토리를 통해 배우고, 꼼꼼하게 문법과 어휘, 청취 감각을 체크하는 시험 대비 코너도 갖추고 있어 재미와 실용성, 감각과 실력의 두 마리 토끼를 다 잡을 수 있습니다. 일본어를 배우는 자나 가르치는 자 모두에게 만족감을 주는 책이 될 것입니다.

아무쪼록 이 교재를 통해 일본어를 배우게 되는 모든 사람에게 누구보다도 뛰어난 일본어 감각과 실력을 배양하는 데 조금도 부족함이 없는 자그마한 도구로 쓰이길 소망합니다.

이 교재가 출간되기까지 최고의 교재를 위해 최선의 열정을 아낌없이 쏟아주신 동양북스 일본어팀 및 여러 관계자 여러분들께 깊은 감사를 드리며…….

저자 일농

이 책의 구성

도입

우선 각 과에 대한 학습 목표를 확인하고 이어지는 대화문을 쉽게 이해할 수 있도록 대화 상황을 간략한 만화로 제시하였습니다. 초기 단계부터 부담 없이 재미있게 일본어 학습을 시작할 수 있습니다.

톡톡 회화

일상 일본어 회화를 바탕으로 실용적이고 자연스러운 대화문을 구성하였습니다. 기존 교재와 달리 각 등장인물의 성격이 엿보이는 즐겁고 재미있는 내용으로 일본어 학습에 대한 흥미나 동기를 갖게 해 줍니다.

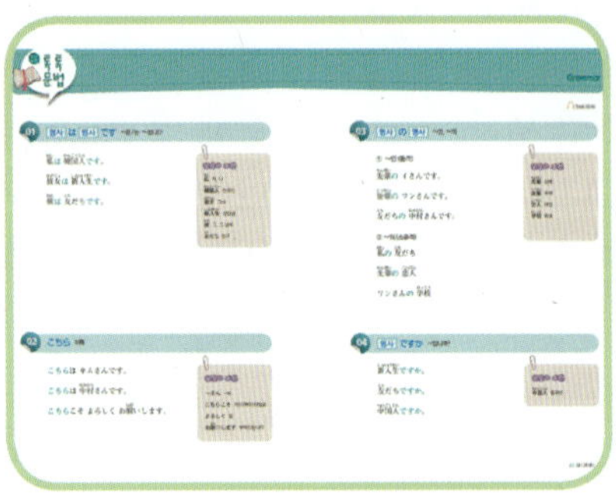

톡톡 문법

톡톡 회화에서 나오는 주요 문법 사항을 정리하여 제시하였습니다. 해당 문법을 활용한 예문도 다양하게 실어서 문법에 대한 이해를 도와줍니다.

톡톡 패턴

톡톡 문법에 나온 주요 문법을 중심으로 문형 연습을 구성하였습니다. 이 톡톡 패턴에서는 배운 문법을 토대로 실제 응용 연습을 통해 일본어의 기초를 탄탄히 다지고, 바로 실제 회화에서 쓸 수 있도록 도와줍니다.

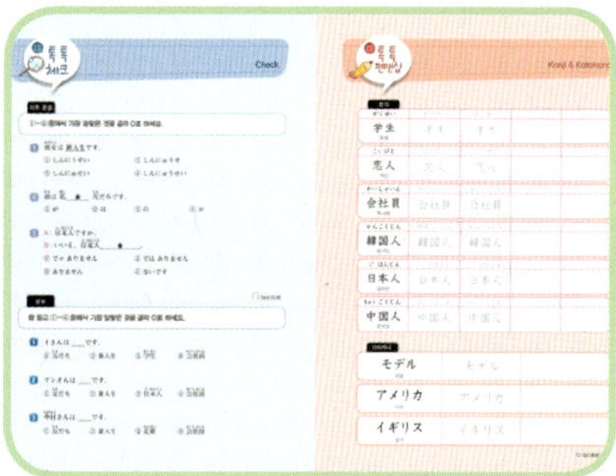

톡톡 체크

각 과에 나오는 주요 어휘와 문법을 중심으로 연습 문제를 실었습니다. '어휘 · 문법'과 '청취'의 유형별로 나누어져 있어서 각종 일본어 시험의 기초 실력을 키울 수 있습니다.

톡톡 펜맨십

각 과에 나오는 주요 어휘 중 기본 한자 단어, 가타카나 단어를 직접 쓰며 확인할 수 있습니다.

톡톡 어휘

각 과에 관련된 어휘를 그림과 같이 다양하게 제시하였습니다. 어휘를 충분히 익힌 후, 각 과에서 배웠던 문법 사항을 활용한 확장 연습도 가능합니다.

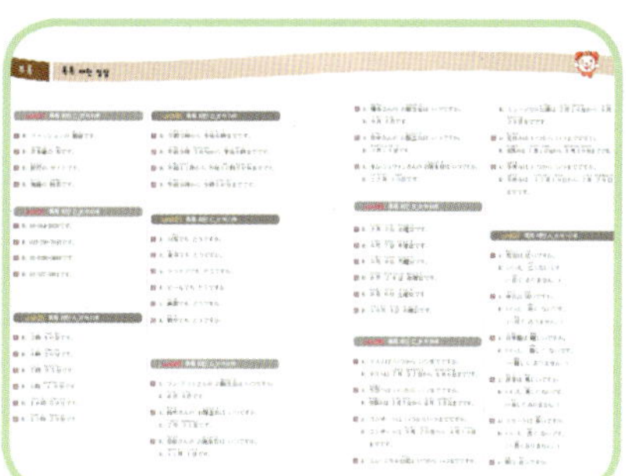

부록

톡톡 회화의 한국어 해석, 문법 사항을 쉽게 찾을 수 있는 색인, 톡톡 패턴의 정답 그리고 톡톡 체크의 각 정답과 청취 스크립트를 수록하였습니다.

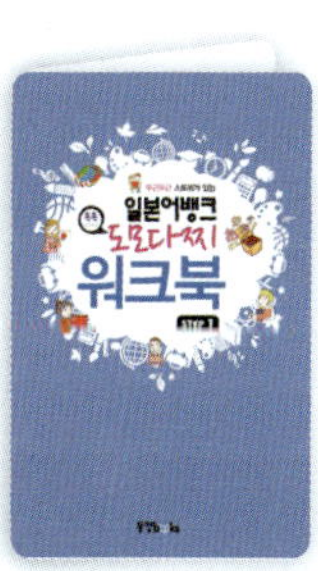

★ 음성 녹음 MP3 CD, 워크북 별책

본문 내용을 녹음한 MP3 CD, 히라가나, 가타카나와 각 과의 톡톡 패턴과 톡톡 펜맨십을 직접 쓰고 연습할 수 있도록 워크북을 수록하였습니다.

Talk 목차

Contents

이 책의 학습 구성표

unit	과 제목	학습 목표	문법 및 표현
unit 01	히라가나(ひらがな)와 발음 익히기	일본어의 히라가나(ひらがな)의 모양과 발음 익히기	01 히라가나 청음 清音(せいおん) 02 히라가나 탁음 濁音(だくおん) 03 히라가나 반탁음 半濁音(はんだくおん) 04 히라가나 요음 拗音(ようおん) 05 히라가나 촉음 促音(そくおん) 06 히라가나 발음 撥音(はつおん) 07 히라가나 장음 長音(ちょうおん)
unit 02	가타카나(カタカナ)와 발음 익히기	일본어의 가타카나(カタカナ)의 모양과 발음 익히기	01 가타카나 청음 清音(せいおん) 02 가타카나 탁음 濁音(だくおん) 03 가타카나 반탁음 半濁音(はんだくおん) 04 가타카나 요음 拗音(ようおん) 05 외래어와 특별음 外来語(がいらいご)と特別音(とくべつおん) 06 가타카나 촉음 促音(そくおん) 07 가타카나 발음 撥音(はつおん) 08 가타카나 장음 長音(ちょうおん)
unit 03	**はじめまして。** 처음 뵙겠습니다.	자기 소개 인사와 기본 명사 구문 익히기	01 명사 は 명사 です ~은/는 ~입니다 02 こちら 이쪽 03 명사 の 명사 ~인, ~의 04 명사 ですか ~입니까? 05 명사 では ありません(じゃ ありません) ~이/가 아닙니다 (인칭대명사) (여러 나라 사람)
unit 04	**この スマートフォンは だれのですか。** 이 스마트폰은 누구의 것입니까?	지시대명사와 의문사 익히기, 전화번호 묻고 답하기	01 これ, それ, あれ, どれ 이것, 그것, 저것, 어느 것 02 何(なん)ですか 무엇입니까? 03 だれの 명사 ですか 누구의 ~입니까? 04 電話番号(でんわばんごう) 전화번호 (숫자 1~10)
unit 05	**今(いま) 何時(なんじ)ですか。** 지금 몇 시입니까?	시간 묻고 답하기	01 今(いま) 何時(なんじ)ですか 지금 몇 시입니까? ① 時間(じかん) 시간 ② 分(ふん) 분 ③ 시간과 관련된 어휘 익히기 02 ~から ~まで ~부터 ~까지 03 명사 でも どうですか ~라도 어때요?

unit	과 제목	학습 목표	문법 및 표현
unit 06	**お誕生日は いつですか。** 생일은 언제입니까?	생년월일, 날짜, 요일 묻고 답하기	01 いつですか 언제입니까? 02 월, 일, 요일 ① 何月(なんがつ) 몇 월 / ② 何日(なんにち) 며칠 ③ 何曜日(なんようび) 무슨 요일 / ④ 시일 관련 표현 03 ～生(う)まれ ～생 04 조수사 1 05 명사 と ～와/과, ～하고 06 명사 より ～보다
unit 07	**本当に かっこいいですね。** 정말 멋있네요.	い형용사의 기본 활용형 익히기	01 い형용사 어간 い(い형용사의 기본형) ～다 02 い형용사 기본형 です(い형용사의 정중형) ～ㅂ니다 03 い형용사 어간 く ない(い형용사의 부정형) ～지 않다 04 い형용사 어간 く ないです, く ありません (い형용사 부정형의 정중형) ～지 않습니다 05 い형용사 기본형+명사(い형용사의 명사 수식형) ～ㄴ 06 い형용사 어간 くて (い형용사의 연결형) ～고, ～서 07 い형용사 いい(よい)의 활용 08 명사 も ～도
unit 08	**どんな 人が 好きですか。** 어떤 사람을 좋아하세요?	な형용사의 기본 활용형 익히기	01 な형용사 어간 だ (な형용사의 기본형) ～다 02 な형용사 어간 です(な형용사의 정중형) ～ㅂ니다 03 な형용사 어간 じゃ ない(な형용사의 부정형) ～지 않다 04 な형용사 어간 じゃ ないです, じゃ ありません (な형용사 부정형의 정중형) ～지 않습니다 05 な형용사 어간 な+명사(な형용사의 명사 수식형) ～ㄴ 06 な형용사 어간 で(な형용사의 연결형) ～고, ～서 07 な형용사 同(おな)じだ의 활용 08 どんな 명사 が 好(す)きですか 어떤 ～을/를 좋아하세요? 09 とか ～라든가
unit 09	**世界で 一番 すてきな 人です。** 세상에서 제일 멋진 사람이에요.	비교급 문형과 최상급 문형 익히기	01 비교 구문 02 최상급 구문 03 의문사 ① なに 무엇 / ② いつ 언제 / ③ だれ 누구 ④ どこ 어디 / ⑤ どれ 어느 것
unit 10	**この ブラウスは いくらですか。** 이 블라우스는 얼마예요?	가격 묻고 답하기, 기본 소수사 익히기	01 いくらですか 얼마예요? 02 숫자 100～900,000 03 조수사2 ① 何人(なんにん) 몇 명 / ② 何枚(なんまい) 몇 장 ③ 何個(なんこ) 몇 개 / ④ 何本(なんぼん) 몇 병, 몇 자루 ⑤ 何冊(なんさつ) 몇 권 / ⑥ 何台(なんだい) 몇 대 ⑦ 何匹(なんびき) 몇 마리 04 ～で ～(이)고, ～(으)로 05 ～ください ～주세요

히라가나(ひらがな) - 오십음도(五十音図)

	あ 단	い 단	う 단	え 단	お 단
あ 행	あ [a]  あい	い [i] 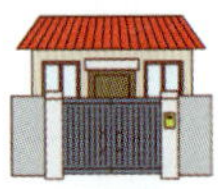 いえ	う [u]  うえ	え [e]  え	お [o]  あお
か 행	か [ka]  かお	き [ki]  かき	く [ku]  きく	け [ke]  いけ	こ [ko]  こい
さ 행	さ [sa]  さけ	し [shi]  しか	す [su]  すし	せ [se]  せかい	そ [so]  すそ
た 행	た [ta]  たき	ち [chi]  ちち	つ [tsu]  つき	て [te]  て	と [to]  とし
な 행	な [na]  なつ	に [ni]  にく	ぬ [nu]  いぬ	ね [ne]  ねこ	の [no]  つの

は 행	は [ha]  はな	ひ [hi]  ひと	ふ [fu]  ふね	へ [he]  へそ	ほ [ho]  ほし
ま 행	ま [ma]  まめ	み [mi]  みみ	む [mu]  むすめ	め [me]  あめ	も [mo]  もも
や 행	や [ya]  やま		ゆ [yu]  ゆき		よ [yo]  ひよこ
ら 행	ら [ra]  そら	り [ri]  りす	る [ru]  くるま	れ [re]  すみれ	ろ [ro]  いろ
わ 행	わ [wa]  わたし				を [o] ～を
ん	ん [N]  きん				

가타카나(カタカナ) - 오십음도(五十音図)

	ア 단	イ 단	ウ 단	エ 단	オ 단
ア 행	ア [a]  アイス	イ [i]  イタリア	ウ [u]  ソウル	エ [e] 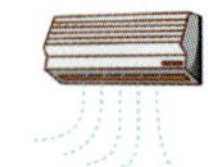 エアコン	オ [o]  オートバイ
カ 행	カ [ka]  カメラ	キ [ki]  スキー	ク [ku]  クッキー	ケ [ke]  ケーキ	コ [ko]  コート
サ 행	サ [sa]  サラダ	シ [shi]  シアター	ス [su]  スポーツ	セ [se]  セット	ソ [so]  ソース
タ 행	タ [ta]  タオル	チ [chi]  チーズ	ツ [tsu]  ツアー	テ [te]  テレビ	ト [to]  トマト
ナ 행	ナ [na]  バナナ	ニ [ni]  テニス	ヌ [nu]  ヌードル	ネ [ne]  ネクタイ	ノ [no]  ノート

ハ 행	ハ [ha] ハート	ヒ [hi] コーヒー	フ [fu] フランス	ヘ [he] ヘア	ホ [ho] ホテル
マ 행	マ [ma] マスカラ	ミ [mi] ミルク	ム [mu] ゲーム	メ [me] メール	モ [mo] メモ
ヤ 행	ヤ [ya] タイヤ		ユ [yu] ユニフォーム		ヨ [yo] ヨット
ラ 행	ラ [ra] ラジオ	リ [ri] リボン	ル [ru] ルビー	レ [re] レストラン	ロ [ro] メロン
ワ 행	ワ [wa] ワイン				ヲ [o]
ン	ン [N] ペン				

등장 인물 소개

등장 인물

나카무라 미카(中村美香) (なかむら みか)

일본인 회사원.
현재 한국, 서울 지사에 근무 중
한류와 쇼핑에 열광하고
패션과 미용에 관심 많은 20대.
직선적이고 쿨한 성격.

이준수(イ・ジュンス)

한국인 학생.
취업을 준비하는 대학교 4학년.
미카와 준수는 일본에 어학연수
갔을 때 알게 된 사이.
성실하고 진지하며,
취업으로 고민하고 있다.
아려의 짝사랑의 대상.

김주원(キム・ジュウォン)

한국인 회사원. 이준수의 선배.
회사생활에 흥미를 느끼지 못하고
늘 피곤에 겨워하고 있다.
이직에 관심이 많고
미카에게 마음이 있으나
워낙 존재감이 없음.

왕아려(ワン・アリョ)

착하고 귀여운 여동생 스타일의
중국인 유학생. 대학교 1학년.
세련된 미카를 친언니처럼 따르며
동경한다. 이준수 선배앓이.
통통한 몸매에
콤플렉스를 느끼고 있다.
실은 북경갑부의 외동딸.

unit 01

히라가나(ひらがな)와 발음 익히기

unit 01 히라가나(ひらがな)와 발음 익히기

01 히라가나 청음 清音(せいおん)

Track 01-01

あ행

あ [a]	い [i]	う [u]	え [e]	お [o]

あい 사랑	いえ 집	うえ 위	え 그림	あお 파랑

か행

か [ka]	き [ki]	く [ku]	け [ke]	こ [ko]

かお 얼굴	かき 감	きく 국화	いけ 연못	こい 잉어

さ행

さ	し	す	せ	そ
[sa]	[shi]	[su]	[se]	[so]

さけ	しか	すし	せかい	すそ
술	사슴	초밥	세계	옷자락

た행

た	ち	つ	て	と
[ta]	[chi]	[tsu]	[te]	[to]

たき	ちち	つき	て	とし
폭포	아버지	달	손	나이

な행

な	に	ぬ	ね	の
[na]	[ni]	[nu]	[ne]	[no]

なつ	にく	いぬ	ねこ	つの
여름	고기	개	고양이	뿔

は행

は	ひ	ふ	へ	ほ
[ha]	[hi]	[fu]	[he]	[ho]

はな	ひと	ふね	へそ	ほし
꽃	사람	배	배꼽	별

ま행

ま	み	む	め	も
[ma]	[mi]	[mu]	[me]	[mo]

まめ	みみ	むすめ	あめ	もも
콩	귀	딸	비	복숭아

や행

や		ゆ		よ
[ya]		[yu]		[yo]

やま		ゆき		ひよこ
산		눈		병아리

ら행

ら	り	る	れ	ろ
[ra]	[ri]	[ru]	[re]	[ro]
				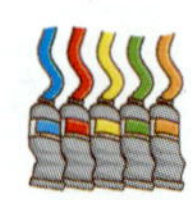
そら	りす	くるま	すみれ	いろ
하늘	다람쥐	자동차	제비꽃	색

わ행, ん

わ		を		ん
[wa]		[o]		[N]

わたし		～を		きん
나, 저		~을/를		금

02 히라가나 탁음 濁音(だくおん)

Track 01-02

が행

が	ぎ	ぐ	げ	ご
[ga]	[gi]	[gu]	[ge]	[go]

かがみ	かぎ	かぐ	ひげ	たまご
거울	열쇠	가구	수염	계란

ざ행

ざ	じ	ず	ぜ	ぞ
[za]	[ji]	[zu]	[ze]	[zo]

ひざ	ひじ	みず	かぜ	かぞく
무릎	팔꿈치	물	바람	가족

だ행

だ	ぢ	づ	で	ど
[da]	[ji]	[zu]	[de]	[do]
		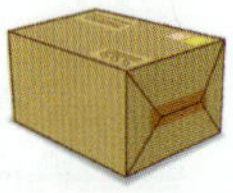		
だいがく	はなぢ	こづつみ	そで	まど
대학교	코피	소포	소매	창문

ば행

ば	び	ぶ	べ	ぼ
[ba]	[bi]	[bu]	[be]	[bo]

ばら	えび	ぶた	べんとう	つぼ
장미꽃	새우	돼지	도시락	단지

03 히라가나 반탁음 半濁音(はんだくおん)

Track 01-03

ぱ행

ぱ [pa]	ぴ [pi]	ぷ [pu]	ぺ [pe]	ぽ [po]

いっぱい 가득	ぴかぴか 반짝반짝	ぷくぷく 뒤룩뒤룩	ぺらぺら 술술	ぽかぽか 포근포근

4 히라가나 요음 拗音(ようおん)

Track 01-04

きゃ행

きゃ [kya]	きゅ [kyu]	きょ [kyo]
おきゃく 손님	きゅうり 오이	きょり 거리

ぎゃ행

ぎゃ [gya]	ぎゅ [gyu]	ぎょ [gyo]
ぎゃく 반대	ぎゅうにゅう 우유	きんぎょ 금붕어

しゃ행

しゃ [sha]	しゅ [shu]	しょ [sho]
しゃしん 사진	しゅじん 남편	しょみん 서민

じゃ행

じゃ [ja]	じゅ [ju]	じょ [jo]
じんじゃ 신사	しんじゅ 진주	じょせい 여성

ちゃ행

ちゃ [cha]	ちゅ [chu]	ちょ [cho]
おちゃ 차	ちゅうもん 주문	ちょちく 저축

にゃ행

にゃ [nya]	にゅ [nyu]	にょ [nyo]
こんにゃく 곤약	にゅういん 입원	にょうぼう 마누라

ひゃ행

ひゃ [hya]	ひゅ [hyu]	ひょ [hyo]
ひゃく 백, 100	ひゅうひゅう 휙휙	ひょうじょう 표정

びゃ행

びゃ [bya]	びゅ [byu]	びょ [byo]
さんびゃく 삼백, 300	びゅうびゅう 웽웽	びょういん 병원

ぴゃ행

ぴゃ [pya]	ぴゅ [pyu]	ぴょ [pyo]
はっぴゃく 팔백, 800	ぴゅうぴゅう 휙휙	ぴょんぴょん 깡총깡총

みゃ행

みゃ [mya]	みゅ [myu]	みょ [myo]
みゃく 맥	–	びみょう 미묘

りゃ행

りゃ [rya]	りゅ [ryu]	りょ [ryo]
りゃくじ 약자	りゅうがく 유학	りょうり 요리

05 히라가나 촉음 促音(そくおん)【っ】

Track 01-05

1【ㄱ】발음 - か행 앞

がっき 악기　はっきり 확실히　ゆっくり 천천히

せっけん 비누　がっこう 학교

2【ㅅ】발음 - さ행 앞

きっさてん 찻집　ざっし 잡지　まっすぐ 똑바로

けっせき 결석　しっそ 검소

3【ㄷ】발음 - た행 앞

いったい 도대체　しゅっちょう 출장　きって 우표

ちょっと 잠깐　しっとり 촉촉

4【ㅂ】발음 - ぱ행 앞

いっぱい 가득　いっぴき 한 마리　いっぷん 일분

ほっぺた 볼　しっぽ 꼬리

06 히라가나 발음 撥音(はつおん)【 ん 】

Track 01-06

1 【 ㅁ 】발음 - ま·ば·ぱ행 앞

さんま 꽁치　　せんむ 전무　　とんぼ 잠자리

えんぴつ 연필　　てんぷら 튀김　　さんぽ 산책

2 【 ㄴ 】발음 - さ·ざ·た·だ·な·ら행 앞

しんさ 심사　　ぎんざ 긴자(일본 지명)　　かんじ 한자　　おんち 음치

えんとつ 굴뚝　　おんど 온도　　あんない 안내

3 【 ㅇ 】발음 - か·が행 앞

かんこく 한국　　げんき 건강함　　おんがく 음악　　りんご 사과

4 【 ㄴ+ㅇ 】중간음 발음 - あ·は·や행 앞과 わ/ん

はんい 범위　　ほんや 책방　　でんわ 전화　　かばん 가방

07 히라가나 장음 長音(ちょうおん)

Track 01-07

1 【a:】장음 - あ단+あ

おかあさん 어머니　　おばあさん 할머니

2 【i:】장음 - い단+い

おにいさん 형, 오빠　　おじいさん 할아버지

いいえ 아뇨

3 【u:】장음 - う단+う

くうき 공기　　ゆうき 용기

すうじ 숫자　　せんぷうき 선풍기

4 【e:】장음 - え단+え, え단+い

おねえさん 누나, 언니　　せんせい 선생님

がくせい 학생　　とけい 시계

5 【o:】장음 - お단+お, お단+う

おおきい 크다　　おおさか 오사카(일본 지명)

おとうさん 아버지　　こうえん 공원

톡톡 체크 Check

잘 듣고 ①~④ 중에서 가장 알맞은 것을 골라 O표 하세요. Track 01-08

1 ① めこ ② ぬこ ③ ねこ ④ のこ

2 ① かざ ② かさ ③ かぎ ④ かき

3 ① じゅうもん ② しゅうもん ③ ちゅもん ④ ちゅうもん

4 ① げせき ② げっせき ③ けっせぎ ④ けっせき

5 ① おき ② おおき ③ おおきい ④ おぎい

Track 01-09

이어서 2과로…

unit 02

가타카나(カタカナ)와 발음 익히기

01 가타카나 청음 清音(せいおん)

Track 02-01

ア행

ア	イ	ウ	エ	オ
[a]	[i]	[u]	[e]	[o]
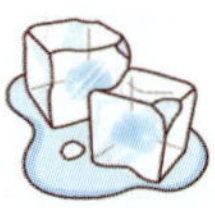			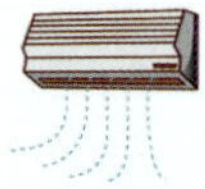	
アイス	イタリア	ソウル	エアコン	オートバイ
아이스	이탈리아	서울	에어컨	오토바이

カ행

カ	キ	ク	ケ	コ
[ka]	[ki]	[ku]	[ke]	[ko]

カメラ	スキー	クッキー	ケーキ	コート
카메라	스키	쿠키	케이크	코트

サ행

サ	シ	ス	セ	ソ
[sa]	[shi]	[su]	[se]	[so]

サラダ	シアター	スポーツ	セット	ソース
샐러드	시어터	스포츠	세트	소스

タ행

タ	チ	ツ	テ	ト
[ta]	[chi]	[tsu]	[te]	[to]

タオル	チーズ	ツアー	テレビ	トマト
타월	치즈	투어	텔레비전	토마토

ナ행

ナ [na]	ニ [ni]	ヌ [nu]	ネ [ne]	ノ [no]

バナナ 바나나	テニス 테니스	ヌードル 누들	ネクタイ 넥타이	ノート 노트

ハ행

ハ [ha]	ヒ [hi]	フ [fu]	ヘ [he]	ホ [ho]

ハート 하트	コーヒー 커피	フランス 프랑스	ヘア 헤어	ホテル 호텔

マ행

マ	ミ	ム	メ	モ
[ma]	[mi]	[mu]	[me]	[mo]

マスカラ	ミルク	ゲーム	メール	メモ
마스카라	밀크	게임	메일	메모

ヤ행

ヤ		ユ		ヨ
[ya]		[yu]		[yo]

タイヤ		ユニフォーム		ヨット
타이어		유니폼		요트

ラ행

ラ	リ	ル	レ	ロ
[ra]	[ri]	[ru]	[re]	[ro]

ラジオ	リボン	ルビー	レストラン	メロン
라디오	리본	루비	레스토랑	멜론

ワ행, ン

ワ		ヲ		ン
[wa]		[o]		[N]
		-		
ワイン				ペン
와인				펜

02 가타카나 탁음 濁音(だくおん)

Track 02-02

ガ행

ガ [ga]	ギ [gi]	グ [gu]	ゲ [ge]	ゴ [go]

ザ행

ザ [za]	ジ [ji]	ズ [zu]	ゼ [ze]	ゾ [zo]

ダ행

ダ [da]	ヂ [ji]	ヅ [zu]	デ [de]	ド [do]

バ행

バ [ba]	ビ [bi]	ブ [bu]	ベ [be]	ボ [bo]

예

グループ 그룹	アドレス 주소	ドライブ 드라이브
ジャズ 재즈	テレビ 텔레비전	ホームページ 홈페이지
デート 데이트	バス 버스	

03 가타카나 반탁음 半濁音(はんだくおん)

Track 02-03

パ행

パ [pa]	ピ [pi]	プ [pu]	ペ [pe]	ポ [po]

예

パスタ 파스타	ピザ 피자	プードル 푸들
ペット 펫, 애완동물	ポテト 포테이토	

04 가타카나 요음 拗音(ようおん)

Track 02-04

キャ행		
キャ [kya]	キュ [kyu]	キョ [kyo]

ギャ행		
ギャ [gya]	ギュ [gyu]	ギョ [gyo]

シャ행		
シャ [sha]	シュ [shu]	ショ [sho]

ジャ행		
ジャ [ja]	ジュ [ju]	ジョ [jo]

チャ행		
チャ [cha]	チュ [chu]	チョ [cho]

ニャ행		
ニャ [nya]	ニュ [nyu]	ニョ [nyo]

ヒャ행		
ヒャ [hya]	ヒュ [hyu]	ヒョ [hyo]

ビャ행		
ビャ [bya]	ビュ [byu]	ビョ [byo]

ピャ행		
ピャ [pya]	ピュ [pyu]	ピョ [pyo]

ミャ행		
ミャ [mya]	ミュ [myu]	ミョ [myo]

リャ행		
リャ [rya]	リュ [ryu]	リョ [ryo]

예

キャラメル 캐러멜　　シャツ 셔츠　　ジュース 주스
ショップ 숍　　チャンス 찬스　　ヒューマニズム 휴머니즘
ニュース 뉴스

05 외래어와 특별음 外来語(がいらいご)と 特別音(とくべつおん)

Track 02-05

ファッション 패션　　ボランティア 봉사　　ウェブ 웹
スマートフォン 스마트폰　　ビューティー 뷰티

06 가타카나 촉음 促音(そくおん)【 ッ 】

Track 02-06

예

クリック 클릭　　ネックレス 목걸이　　メッセージ 메시지

ダイエット 다이어트　　ショッピング 쇼핑

07 가타카나 발음 撥音(はつおん)【 ン 】

Track 02-07

예

ワンピース 원피스　　チキン 치킨　　コンサート 콘서트

フランス 프랑스　　ログイン 로그인

08 가타카나 장음 長音(ちょうおん)【 ー 】

Track 02-08

예

コーヒー 커피　　スキー 스키　　ケーキ 케이크

メール 메일

톡톡 체크 Check

Track 02-09

잘 듣고 ①~④ 중에서 가장 알맞은 것을 골라 O표 하세요.

1 ①スウル ②ソウル ③フウル ④メウル

2 ① ケキー ②チキー ③フキー ④スキー

3 ① メセージ ② メッセージ ③ メッセジ ④ メセジ

4 ①ショップ ②ショッブ ③ シップ ④ショプ

5 ①スマートフユン ②スマートフォン ③スマートファン ④スマートフョン

Track 02-10

시작!
1 だいじょうぶです。
괜찮습니다.
2 すみません。
미안합니다.
3 けがが なくて よかったです。
다친 데가 없어서 다행입니다.
4 さようなら。
잘 가(잘 있어).
5 またね。
또 봐.
6 こんばんは。
안녕하세요?(저녁 인사)
7 ただいま。
다녀왔습니다.
8 おかえりなさい。
잘 다녀왔어요?
9 おやすみなさい。
안녕히 주무세요.
끝

unit 03

はじめまして。

처음 뵙겠습니다.

학습목표 자기 소개 인사와 기본 명사 구문 익히기

トク トク 톡톡 회화

Dialogue

Track 03-01

ジュンス	中村(なかむら)さん、こちらは 新入生(しんにゅうせい)の ワンさんです。
アリョ	はじめまして。ワン・アリョです。
	どうぞ よろしく お願(ねが)いします。
美香(みか)	はじめまして。中村美香(なかむらみか)です。
	こちらこそ よろしく。
	ワンさんは 中国人(ちゅうごくじん)ですか。
アリョ	はい、そうです。
	あの、失礼(しつれい)ですが、中村(なかむら)さんは イ先輩(せんぱい)の 恋人(こいびと)ですか。
美香(みか)	え? いいえ、恋人(こいびと)じゃ ありません。友(とも)だちです。

낱말과 표현

- **～さん** ~씨
- **こちら** 이쪽
- **～は～です** ~은/는 ~입니다
- **新入生(しんにゅうせい)** 신입생
- **～の** ~인, ~의
- **はじめまして** 처음 뵙겠습니다
- **どうぞよろしくお願(ねが)いします** 잘 부탁드립니다
- **こちらこそ** 저(이쪽이야)야말로
- **中国人(ちゅうごくじん)** 중국인
- **～ですか** ~입니까?
- **はい、そうです** 네, 그렇습니다
- **あの** 저
- **失礼(しつれい)ですが** 실례합니다만
- **先輩(せんぱい)** 선배
- **恋人(こいびと)** 애인
- **え？** 네?
- **いいえ** 아니요
- **～じゃ ありません** ~이/가 아닙니다

トクトク 톡톡 문법

01 명사 は 명사 です ~은/는 ~입니다

私(わたし)は 韓国人(かんこくじん)です。

彼女(かのじょ)は 新入生(しんにゅうせい)です。

彼(かれ)は 友(とも)だちです。

낱말과 표현

- 私(わたし) 저, 나
- 韓国人(かんこくじん) 한국인
- 彼女(かのじょ) 그녀
- 新入生(しんにゅうせい) 신입생
- 彼(かれ) 그
- 友(とも)だち 친구

02 こちら 이쪽

こちらは キムさんです。

こちらは 中村(なかむら)さんです。

こちらこそ よろしく お願(ねが)いします。

낱말과 표현

- ~さん ~씨
- こちらこそ 저(이쪽이)야말로
- よろしく 잘
- お願(ねが)いします 부탁드립니다

Track 03-02

03 명사 の 명사 ~인, ~의

① ~인 (동격)

先輩(せんぱい)の イさんです。

後輩(こうはい)の ワンさんです。

友(とも)だちの 中村(なかむら)さんです。

② ~의 (소유격)

私(わたし)の 友(とも)だち

先輩(せんぱい)の 恋人(こいびと)

ワンさんの 学校(がっこう)

낱말과 표현

先輩(せんぱい) 선배

後輩(こうはい) 후배

恋人(こいびと) 애인

学校(がっこう) 학교

04 명사 ですか ~입니까?

新入生(しんにゅうせい)ですか。

友(とも)だちですか。

中国人(ちゅうごくじん)ですか。

낱말과 표현

中国人(ちゅうごくじん) 중국인

톡톡 문법 Grammar

Track 03-02

05 명사 では ありません(じゃ ありません) ~이/가 아닙니다

会社員(かいしゃいん)では ありません。

恋人(こいびと)では ありません。

友(とも)だちじゃ ありません。

낱말과 표현

会社員(かいしゃいん) 회사원

恋人(こいびと) 애인

인칭대명사		
1인칭	2인칭	3인칭
私(わたし) 나, 저 私(わたくし) 저 僕(ぼく) 나(남자)	あなた 당신 君(きみ) 너, 자네	彼(かれ) 그 彼女(かのじょ) 그녀

여러 나라 사람			
韓国人(かんこくじん) 한국인 	日本人(にほんじん) 일본인 	中国人(ちゅうごくじん) 중국인 	アメリカ人(じん) 미국인 
イタリア人(じん) 이탈리아인 	フランス人(じん) 프랑스인 	ドイツ人(じん) 독일인 	イギリス人(じん) 영국인 

トクトク 톡톡 패턴 Pattern practice

Track 03-03

A 보기와 같이 연습해 봅시다.

보기

キム·ソヨン·会社員(かいしゃいん)

はじめまして。私(わたし)は キム・ソヨンです。

会社員(かいしゃいん)です。どうぞ よろしく お願(ねが)いします。

1 山田(やまだ)·医者(いしゃ)

2 吉本(よしもと)·小説家(しょうせつか)

3 木村(きむら)·歌手(かしゅ)

4 鈴木(すずき)·美容師(びようし)

5 佐藤(さとう)·銀行員(ぎんこういん)

6 ジャン·ミンミン·留学生(りゅうがくせい)

낱말과 표현

医者(いしゃ) 의사　　歌手(かしゅ) 가수　　銀行員(ぎんこういん) 은행원

小説家(しょうせつか) 소설가　　美容師(びようし) 미용사　　留学生(りゅうがくせい) 유학생

トクトク 톡톡 패턴

Track 03-04

B

보기

A：韓国人(かんこくじん)ですか。

B：はい、そうです。

いいえ、韓国人(かんこくじん)では ありません。

(= 韓国人(かんこくじん)じゃ ありません。)

1 日本人(にほんじん)ですか。

2 中国人(ちゅうごくじん)ですか。

3 アメリカ人(じん)ですか。

4 イタリア人(じん)ですか。

낱말과 표현

韓国人(かんこくじん) 한국인
日本人(にほんじん) 일본인
中国人(ちゅうごくじん) 중국인
アメリカ人(じん) 미국인
イタリア人(じん) 이탈리아인

Pattern practice

Track 03-05

C

보기

A：彼(かれ)は 会社員(かいしゃいん)ですか。

B：はい、彼(かれ)は 会社員(かいしゃいん)です。

いいえ、彼(かれ)は 会社員(かいしゃいん)では ありません。

(= 会社員(かいしゃいん)じゃ ありません。)

彼(かれ)・会社員(かいしゃいん)

1 彼(かれ)は 医者(いしゃ)ですか。

2 彼女(かのじょ)は 歌手(かしゅ)ですか。

3 キムさんは 運転手(うんてんしゅ)ですか。

4 中村(なかむら)さんは モデルですか。

낱말과 표현

彼(かれ) 그, 그 남자	彼女(かのじょ) 그녀	モデル 모델
会社員(かいしゃいん) 회사원	歌手(かしゅ) 가수	
医者(いしゃ) 의사	運転手(うんてんしゅ) 운전수	

トクトク 톡톡 체크 Check

어휘·문법

①~④중에서 가장 알맞은 것을 골라 O표 하세요.

1 彼女(かのじょ)は 新入生です。

① しんにうせい　② しんにゅうせ

③ しんにゅせい　④ しんにゅうせい

2 彼(かれ)は 私(わたし)＿★＿ 友(とも)だちです。

① が　② は　③ の　④ か

3 A：日本人(にほんじん)ですか。

B：いいえ、日本人(にほんじん)＿＿★＿＿。

① でゃ ありません　② では ありません

③ ありません　④ ないです

청취　Track 03-06

잘 듣고 ①~④중에서 질문의 답으로 가장 알맞은 것을 골라 O표 하세요.

1 イさんは ＿＿です。

① 友(とも)だち　② 新入生　③ 学生(がくせい)　④ 会社員(かいしゃいん)

2 ワンさんは ＿＿です。

① 友(とも)だち　② 新入生　③ 日本人(にほんじん)　④ 会社員(かいしゃいん)

3 中村(なかむら)さんは ＿＿です。

① 友(とも)だち　② 新入生　③ 先輩(せんぱい)　④ 会社員(かいしゃいん)

톡톡 펜맨십

Kanji & Katakana

한자

がくせい 学生 학생	がくせい 学生	がくせい 学生		
こいびと 恋人 애인	こいびと 恋人	こいびと 恋人		
かいしゃいん 会社員 회사원	かいしゃいん 会社員	かいしゃいん 会社員		
かんこくじん 韓国人 한국인	かんこくじん 韓国人	かんこくじん 韓国人		
にほんじん 日本人 일본인	にほんじん 日本人	にほんじん 日本人		
ちゅうごくじん 中国人 중국인	ちゅうごくじん 中国人	ちゅうごくじん 中国人		

가타카나

モデル 모델	モデル	
アメリカ 미국	アメリカ	
イギリス 영국	イギリス	

학생입니까?

Track 03-07

보기

그림을 보면서 다음과 같이 이야기해 보세요.

A：学生(がくせい)ですか。

B：はい、学生(がくせい)です。

いいえ、学生(がくせい)では ありません(= 学生(がくせい)じゃ ありません)。

学生(がくせい)
학생

会社員(かいしゃいん)
회사원

モデル
모델

記者(きしゃ)
기자

公務員(こうむいん)
공무원

タレント
탤런트

톡톡 어휘

 主婦(しゅふ) 주부	 フライトアテンダント 객실 승무원	 教師(きょうし) 교사
 看護師(かんごし) 간호사	 プログラマー 프로그래머	 デザイナー 디자이너
 軍人(ぐんじん) 군인	 選手(せんしゅ) 선수	 コーチ 코치

unit 04

この スマートフォンは だれのですか。

이 스마트폰은 누구의 것입니까?

학습목표 지시대명사와 의문사 익히기, 전화번호 묻고 답하기

トクトク 톡톡 회화

Dialogue

Track 04-01

ジュンス	これは だれの ケータイですか。
美香(みか)	それは 私(わたし)のです。
ジュンス	最新型(さいしんがた)の スマートフォンですね。
	これは 何(なん)の アプリですか。
美香(みか)	ショッピングの アプリです。
ジュンス	中村(なかむら)さんの 電話番号(でんわばんごう)は 何番(なんばん)ですか。
美香(みか)	010(ぜろいちぜろ) - 5423(ごよんにさん) - 9867(きゅうはちろくなな)です。イさんの 電話番号(でんわばんごう)は?
ジュンス	010(ぜろいちぜろ) - 9724(きゅうななによん) - 3568(さんごろくはち)です。

낱말과 표현

- **これ** 이것
- **だれ** 누구
- **～の** ~의, ~의 것
- **ケータイ** 휴대전화
- **それ** 그것
- **最新型(さいしんがた)** 최신형
- **スマートフォン** 스마트폰
- **～ですね** ~군요, ~네요
- **何(なん)の** 어떤, 무슨
- **アプリ** 앱(アプリケーション의 약자)
- **ショッピング** 쇼핑
- **電話番号(でんわばんごう)** 전화번호
- **何番(なんばん)** 몇 번

톡톡 문법

01 これ, それ, あれ, どれ 이것, 그것, 저것, 어느 것

これ 이것	それ 그것	あれ 저것	どれ 어느 것
こちら 이쪽	そちら 그쪽	あちら 저쪽	どちら 어느 쪽
こんな 이런	そんな 그런	あんな 저런	どんな 어떤
この 이	その 그	あの 저	どの 어느
ここ 여기	そこ 거기	あそこ 저기	どこ 어디

02 何(なん)ですか 무엇입니까?

これは 何(なん)ですか。

何(なん)の 本(ほん)ですか。

何番(なんばん)ですか。

낱말과 표현

何(なん)の 무슨, 어떤
本(ほん) 책
何番(なんばん) 몇 번

03 だれの 명사 ですか 누구의 ~입니까?

① **だれ 누구**

彼女(かのじょ)は だれですか。

あの 人(ひと)は だれですか。

だれの ケータイですか。

낱말과 표현

人(ひと) 사람
ケータイ 휴대전화
先生(せんせい) 선생님

Track 04-02

② ～の ～의 것 (소유대명사)

これは 私(わたし)のです。

この 本(ほん)は 先生(せんせい)のです。

04 電話番号(でんわばんごう) 전화번호

家(いえ)の 電話番号(でんわばんごう)は 02-546-1679(ぜろ に の ご よんろく の いちろくななきゅう)です。

会社(かいしゃ)の 電話番号(でんわばんごう)は 02-337-5678(ぜろ に の さんさんなな の ごろくななはち)です。

ケータイの 電話番号(でんわばんごう)は 010-9724-3568(ぜろいちぜろ の きゅうなな に よん の さん ご ろく はち)です。

낱말과 표현

家(いえ) 집

会社(かいしゃ) 회사

숫자 1~10					
0 ゼロ, れい, まる	1 いち	2 に	3 さん	4 よん, し	5 ご
6 ろく	7 なな, しち	8 はち	9 きゅう, く	10 じゅう	

톡톡 패턴

Track 04-03

A 보기와 같이 연습해 봅시다.

보기

A：これは何(なん)ですか。

B：それは スマートフォンです。

スマートフォン

1 これは何(なん)ですか。

本(ほん)

2 これは何(なん)ですか。

かさ

3 それは何(なん)ですか。

新聞(しんぶん)

4 それは何(なん)ですか。

めがね

낱말과 표현

本(ほん) 책	新聞(しんぶん) 신문
かさ 우산	めがね 안경

Pattern practice

Track 04-04

B

보기

A : この 本(ほん)は だれのですか。

B : それは 私(わたし)のです。

私(わたし)

1 この ボールペンは だれのですか。

先生(せんせい)

2 この 財布(さいふ)は だれのですか。

中村(なかむら)さん

3 その ノートパソコンは だれのですか。

イ·ジュンスさん

4 その かばんは だれのですか。

マ·ユナさん

낱말과 표현

ボールペン 볼펜	**ノートパソコン** 노트북 컴퓨터
財布(さいふ) 지갑	**かばん** 가방

톡톡 패턴

Track 04-05

C

보기

ショッピング・アプリ

A：何(なん)の アプリですか。

B：ショッピングの アプリです。

1 何(なん)の 雑誌(ざっし)ですか。

ファッション・雑誌(ざっし)

2 何(なん)の 本(ほん)ですか。

日本語(にほんご)・本(ほん)

3 何(なん)の サイトですか。

旅行(りょこう)・サイト

4 何(なん)の 授業(じゅぎょう)ですか。

英語(えいご)・授業(じゅぎょう)

낱말과 표현

雑誌(ざっし) 잡지	旅行(りょこう) 여행	英語(えいご) 영어
日本語(にほんご) 일본어	サイト 사이트	授業(じゅぎょう) 수업

Track 04-06

D

보기

A：中村さんの 電話番号は 何番ですか。

B：010－3542－9867です。

010-3542-9867

1 病院の 電話番号は 何番ですか。

02-384-1620

2 会社の 電話番号は 何番ですか。

032-798-7042

3 学校の 電話番号は 何番ですか。

02-3290-3698

4 銀行の 電話番号は 何番ですか。

02-537-1684

낱말과 표현

病院 병원　　学校 학교
会社 회사　　銀行 은행

톡톡 체크 Check

어휘·문법

①~④중에서 가장 알맞은 것을 골라 O표 하세요.

1 中村(なかむら)さんの <u>電話番号</u>は?

① でんわばんごう　　② でんはばんごう

③ でんわばんご　　④ てんわばんごう

2 ＿★＿ 本(ほん)は 私(わたし)のです。

① これ　　② この　　③ こちら　　④ ここ

3 これは ＿★＿ スマートフォンですか。

① だれ　　② どれ　　③ だれの　　④ どれの

청취　　Track 04-07

잘 듣고 ①~④중에서 질문의 답으로 가장 알맞은 것을 골라 O표 하세요.

1 スマートフォンは だれのですか。

① 中村(なかむら)さん　　② 山田(やまだ)さん

③ ワンさん　　④ イさん

2 本(ほん)は だれのですか。

① 先生(せんせい)　　② 山田(やまだ)さん

③ 中村(なかむら)さん　　④ ワンさん

3 ノートパソコンは だれのですか。

① イさん　　② 中村(なかむら)さん

③ ワンさん　　④ 山田(やまだ)さん

톡톡 펜맨십 Kanji & Katakana

한자

さいしんがた 最新型 최신형	さいしんがた 最新型	さいしんがた 最新型		
でんわ 電話 전화	でんわ 電話	でんわ 電話		
ばんごう 番号 번호	ばんごう 番号	ばんごう 番号		
なんばん 何番 몇 번	なんばん 何番	なんばん 何番		
せんせい 先生 선생님	せんせい 先生	せんせい 先生		

가타카나

スマートフォン 스마트폰	スマートフォン	
ボールペン 볼펜	ボールペン	
ケータイ 휴대전화	ケータイ	

무엇입니까?

Track 04-08

보기

그림을 보면서 다음과 같이 이야기해 보세요.

A : これは 何(なん)ですか。

B : それは めがねです。

本(ほん)
책

ボールペン
볼펜

ノートパソコン
노트북 컴퓨터

ケータイ
휴대전화

新聞(しんぶん)
신문

財布(さいふ)
지갑

톡톡 어휘

時計(とけい)
시계

めがね
안경

かさ
우산

かばん
가방

くつ
구두

雑誌(ざっし)
잡지

車(くるま)
자동차

自転車(じてんしゃ)
자전거

カメラ
카메라

unit 05

今(いま) 何時(なんじ)ですか。

지금 몇 시입니까?

학습목표 시간 묻고 답하기

톡톡 회화

Dialogue

Track 05-01

美香(みか)	ミュージカルは 何時(なんじ)からですか。
ジュンス	午後(ごご) 7時(しちじ)からです。
美香(みか)	今(いま) 何時(なんじ)ですか。
ジュンス	ちょうど 6時(ろくじ)です。
美香(みか)	じゃ、6時(ろくじ) 30分(さんじゅっぷん)まで コーヒーでも どうですか。
ジュンス	いいですね。

낱말과 표현

- **ミュージカル** 뮤지컬
- **何時(なんじ)** 몇 시
- **~から** ~부터
- **午後(ごご)** 오후
- **~時(じ)** ~시
- **今(いま)** 지금
- **ちょうど** 정각
- **じゃ** 그럼
- **~分(ふん)** ~분
- **~まで** ~까지
- **コーヒー** 커피
- **~でも** ~라도
- **どうですか** 어때요?
- **いいですね** 좋네요, 괜찮네요

トクトク 톡톡 문법

01 今(いま) 何時(なんじ)ですか 지금 몇 시입니까?

① 時間(じかん) 시간

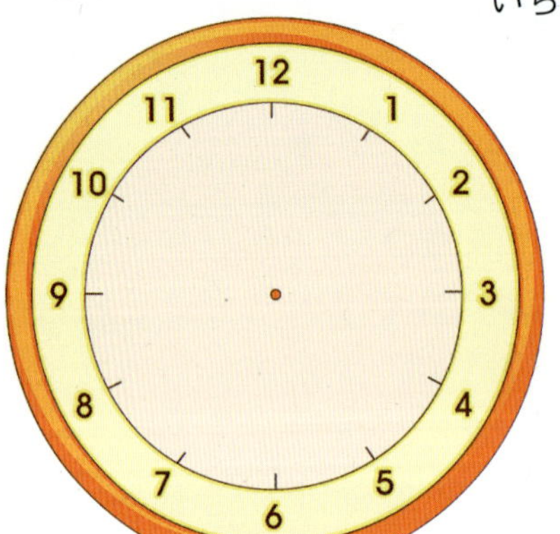

12時 じゅうにじ

1時 いちじ

2時 にじ

3時 さんじ

4時 よじ

5時 ごじ

6時 ろくじ

7時 しちじ

8時 はちじ

9時 くじ

10時 じゅうじ

11時 じゅういちじ

Track 05-02

② 分(ふん) 분

1分 いっぷん	2分 にふん	3分 さんぷん	4分 よんぷん	5分 ごふん
6分 ろっぷん	7分 しちふん, ななふん	8分 はっぷん	9分 きゅうふん	10分 じっぷん じゅっぷん
20分 にじっぷん, にじゅっぷん	30分 さんじっぷん, さんじゅっぷん 半 (はん)	40分 よんじっぷん, よんじゅっぷん	50分 ごじっぷん, ごじゅっぷん	何分 なんぷん 몇 분

③ 시간과 관련된 어휘 익히기

午前(ごぜん) 오전

午後(ごご) 오후

ちょうど 정각

前(まえ) 전

朝(あさ) 아침

昼(ひる) 점심

夜(よる) 저녁

晩(ばん) 밤

夜中(よなか) 한밤중

明(あ)け方(がた), 夜明(よあ)け 새벽

朝(あさ) 7時(じ) 아침 7시

午前(ごぜん) 10時(じ) 오전 10시

午後(ごご) 4時(じ) 오후 4시

夜(よる) 10時(じ) 밤 10시

톡톡 문법 Grammar

Track05-02

02 ~から ~まで ~부터 ~까지

何時(なんじ)から 何時(なんじ)までですか。

午前(ごぜん) 9時(じ) 30分(ぷん)から 午後(ごご) 5時(じ)までです。

朝(あさ)から 晩(ばん)まで

낱말과 표현

午前(ごぜん) 오전

午後(ごご) 오후

朝(あさ) 아침

晩(ばん) 밤

03 명사 でも どうですか ~라도 어때요?

コーヒーでも どうですか。

お茶(ちゃ)でも どうですか。

散歩(さんぽ)でも どうですか。

낱말과 표현

コーヒー 커피

お茶(ちゃ) 차

散歩(さんぽ) 산책

톡톡 패턴

Pattern practice

Track 05-03

A 보기와 같이 연습해 봅시다.

보기

5 : 15

A : 今(いま) 何時(なんじ)ですか。

B : 5時(じ) 15分(ふん)です。

1 2 : 10

2 4 : 20

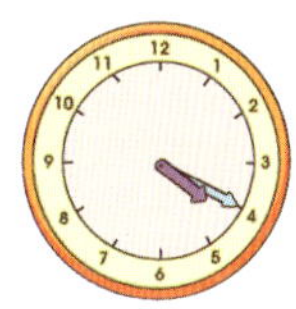

3 7 : 35

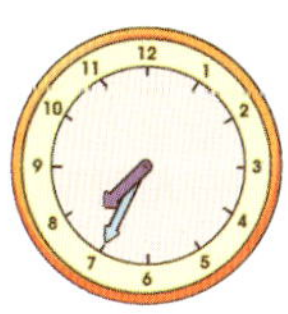

4 9 : 48

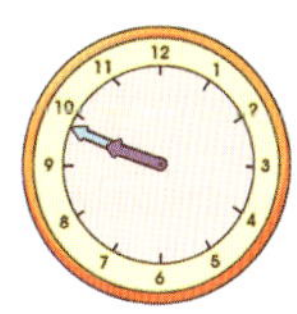

5 10 : 50

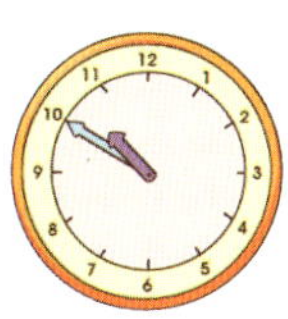

6 12 : 30

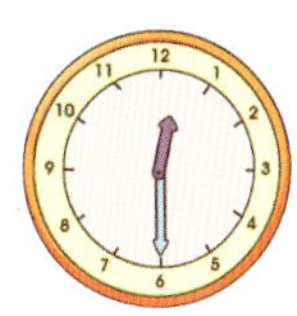

낱말과 표현

今(いま) 지금

톡톡 패턴

B

Track 05-04

보기

A：銀行(ぎんこう)は 何時(なんじ)から 何時(なんじ)までですか。

B：午前(ごぜん) 9時(じ)から 午後(ごご) 4時(じ)までです。

AM9：00~PM4：00

1 病院(びょういん)は 何時(なんじ)から 何時(なんじ)までですか。

AM9：00~PM6：00

2 デパートは 何時(なんじ)から 何時(なんじ)までですか。

AM9：30~PM8：00

3 レストランは 何時(なんじ)から 何時(なんじ)までですか。

AM11：00~PM10：30

4 授業(じゅぎょう)は 何時(なんじ)から 何時(なんじ)までですか。

AM9：00~9：50

낱말과 표현

病院(びょういん) 병원	レストラン 레스토랑
デパート 백화점	授業(じゅぎょう) 수업

Pattern practice

C

Track 05-05

보기

A：コーヒーでも どうですか。

B：いいですね。

コーヒー

1 お茶

2 食事

3 ドライブ

4 ビール

5 映画

6 散歩

낱말과 표현

お茶 차	ドライブ 드라이브	映画 영화
食事 식사	ビール 맥주	散歩 산책

トクトク 톡톡 체크 Check

어휘·문법

①~④ 중에서 가장 알맞은 것을 골라 O표 하세요.

1 午前 9時です。

① ごぜん　② ごせん　③ こぜん　④ こせん

2 ちょうど 4時です。

① よんじ　② しじ　③ しんじ　④ よじ

3 ミュージカルは 何時(なんじ)から 何時(なんじ)＿★＿ですか。

① まだ　② まで　③ また　④ まど

청취

Track 05-06

잘 듣고 ①~④ 중에서 질문의 답으로 가장 알맞은 것을 골라 O표 하세요.

1 授業(じゅぎょう)は 何時(なんじ)からですか。

① 8時(じ)　② 9時(じ)　③ 10時(じ)　④ 11時(じ)

2 ミュージカルは 何時(なんじ)までですか。

① 6時(じ)　② 7時(じ)　③ 8時(じ)　④ 9時(じ)

3 デパートは 何時(なんじ)から 何時(なんじ)までですか。

① AM8:30~PM10:30　② AM10:30~PM8:30

③ AM9:30~PM8:30　④ AM11:30~PM9:30

톡톡 펜맨십

Kanji & Katakana

한자

なんじ 何時 몇 시	なんじ 何時	なんじ 何時		
ごぜん 午前 오전	ごぜん 午前	ごぜん 午前		
ごご 午後 오후	ごご 午後	ごご 午後		
あさ 朝 아침	あさ 朝	あさ 朝		
ひる 昼 점심	ひる 昼	ひる 昼		
よる 夜 밤	よる 夜	よる 夜		

가타카나

コーヒー 커피	コーヒー	
デパート 백화점	デパート	
レストラン 레스토랑	レストラン	

몇 시부터 몇 시까지예요?

Track 05-07

보기

그림을 보면서 다음과 같이 이야기해 보세요.

A：図書館(としょかん)は 何時(なんじ)から 何時(なんじ)までですか。

B：午前(ごぜん) 5時(じ)から 午後(ごご) 11時(じ)までです。

図書館(としょかん)
AM5：00~PM11：00
도서관

食堂(しょくどう)
AM11：30~PM10：00
식당

デパート
AM9：30~PM8：00
백화점

スーパー
AM9：30~PM11：00
슈퍼마켓

スポーツクラブ
AM6：00~AM12：00
스포츠 클럽

学院(がくいん)
AM6：00~PM10：30
학원

톡톡 어휘

映画館(えいがかん)
AM8 : 00~PM11 : 50
영화관

カラオケ
AM11 : 00~PM10 : 00
노래방

地下鉄(ちかてつ)
AM5 : 10~PM11 : 55
지하철

コンビニ
24時間営業(じかんえいぎょう)
편의점

銀行(ぎんこう)
AM9 : 00~PM4 : 00
은행

美容院(びよういん)
AM10 : 00~PM9 : 00
미용실

本屋(ほんや)
AM10 : 00~PM9 : 00
서점

コーヒーショップ
AM7 : 00~PM10 : 00
커피숍

郵便局(ゆうびんきょく)
AM9 : 00~PM5 : 00
우체국

unit 06

お誕生日(たんじょうび)はいつですか。

생일은 언제입니까?

학습목표 생년월일, 날짜, 요일 묻고 답하기

トク トク 톡톡 회화 Dialogue

Track 06-01

アリョ	失礼(しつれい)ですが、中村(なかむら)さんは イ先輩(せんぱい)と 同(おな)い年(どし)ですか。
美香(みか)	いいえ、私(わたし)は 1988年(ねん)生(う)まれ。彼(かれ)より 一(ひと)つ 上(うえ)です。
アリョ	年上(としうえ)の 友(とも)だちですか。
美香(みか)	そうですよ。でも 誕生日(たんじょうび)は 同(おな)じ日(ひ)です。
アリョ	え！ うそ！ 本当(ほんとう)ですか。
美香(みか)	本当(ほんとう)ですよ。 4月(しがつ) 20日(はつか)、今週(こんしゅう)の 土曜日(どようび)が 私(わたし)と ジュンスさんの 誕生日(たんじょうび)です。
アリョ	お誕生日(たんじょうび) おめでとうございます。 イ先輩(せんぱい)と 同(おな)じ誕生日(たんじょうび)ですか。いいなあ。

낱말과 표현

- **失礼(しつれい)ですが** 실례합니다만
- **～と** ~와/과
- **同(おな)い年(どし)** 동갑
- **～年(ねん)** ~년
- **～生(う)まれ** ~생
- **～より** ~보다
- **一(ひと)つ** 하나(한 살)
- **上(うえ)** 위
- **年上(としうえ)** 연상
- **友(とも)だち** 친구
- **そうですよ** 그렇습니다
- **～よ** 상대방에게 자신의 생각이나 주장을 나타낼 때 사용하는 종조사
- **でも** 하지만
- **誕生日(たんじょうび)** 생일
- **同(おな)じ～** 같은 ~
- **日(ひ)** 날
- **うそ** 거짓말
- **本当(ほんとう)ですよ** 정말입니다
- **今週(こんしゅう)** 이번 주
- **土曜日(どようび)** 토요일
- **お誕生日(たんじょうび)** 생일(お를 더하여 존경・친애의 뜻을 나타냄)
- **おめでとうございます** 축하드립니다
- **いいなあ** 좋겠다(혼잣말)

톡톡 문법

01 いつですか 언제입니까?

お誕生日(たんじょうび)は いつですか。

休(やす)みは いつですか。

記念日(きねんび)は いつですか。

낱말과 표현

休(やす)み 휴일

記念日(きねんび) 기념일

02 월, 일, 요일

① 何月(なんがつ) 몇 월

1月 いちがつ 1월	2月 にがつ 2월	3月 さんがつ 3월	4月 しがつ 4월
5月 ごがつ 5월	6月 ろくがつ 6월	7月 しちがつ 7월	8月 はちがつ 8월
9月 くがつ 9월	10月 じゅうがつ 10월	11月 じゅういちがつ 11월	12月 じゅうにがつ 12월

Track 06-02

② 何日(なんにち) 며칠

1日 ついたち 1일	2日 ふつか 2일	3日 みっか 3일	4日 よっか 4일	5日 いつか 5일	6日 むいか 6일	7日 なのか 7일
8日 ようか 8일	9日 ここのか 9일	10日 とおか 10일	11日 じゅう いちにち 11일	12日 じゅう ににち 12일	13日 じゅう さんにち 13일	14日 じゅう よっか 14일
15日 じゅう ごにち 15일	16日 じゅう ろくにち 16일	17日 じゅう しちにち 17일	18日 じゅう はちにち 18일	19日 じゅう くにち 19일	20日 はつか 20일	21日 にじゅう いちにち 21일
22日 にじゅう ににち 22일	23日 にじゅう さんにち 23일	24日 にじゅう よっか 24일	25日 にじゅう ごにち 25일	26日 にじゅう ろくにち 26일	27日 にじゅう しちにち 27일	28日 にじゅう はちにち 28일
29日 にじゅう くにち 29일	30日 さんじゅう にち 30일	31日 さんじゅう いちにち 31일				

톡톡 문법

③ 何曜日(なんようび) 무슨 요일

月曜日 げつようび 월요일	火曜日 かようび 화요일	水曜日 すいようび 수요일	木曜日 もくようび 목요일	金曜日 きんようび 금요일	土曜日 どようび 토요일	日曜日 にちようび 일요일

④ 시일 관련 표현

一昨日 おととい 그저께	昨日 きのう 어제	今日 きょう 오늘	明日 あした 내일	明後日 あさって 모레
先々週 せんせんしゅう 지지난주	先週 せんしゅう 지난주	今週 こんしゅう 이번 주	来週 らいしゅう 다음 주	再来週 さらいしゅう 다음다음 주
一昨年 おととし 재작년	去年 きょねん 작년	今年 ことし 올해	来年 らいねん 내년	再来年 さらいねん 내후년

今日(きょう)は 何曜日(なんようび)ですか。

明日(あした)は 何曜日(なんようび)ですか。

明後日(あさって)は 何曜日(なんようび)ですか。

Track 06-02

03 ～生(う)まれ ~생

何年(なんねん)生(う)まれですか。

1988年(ねん)生(う)まれです。

中村(なかむら)さんは 東京(とうきょう)生(う)まれです。

낱말과 표현

～年(ねん) ~년

04 조수사 1

一つ ひとつ 하나	二つ ふたつ 둘	三つ みっつ 셋	四つ よっつ 넷	五つ いつつ 다섯	六つ むっつ 여섯
七つ ななつ 일곱	八つ やっつ 여덟	九つ ここのつ 아홉	十 とお 열	十一 じゅういち 열 하나	いくつ 몇 개

톡톡 문법 (トクトク) Grammar

Track 06-02

05 명사 と ~와/과, ~하고

20日(はつか)は 私(わたし)と イさんの 誕生日(たんじょうび)です。

今日(きょう)と 明日(あした)は 休(やす)みです。

中村(なかむら)さんと キムさんは 会社員(かいしゃいん)です。

낱말과 표현

- 今日(きょう) 오늘
- 明日(あした) 내일
- 休(やす)み 휴일

06 명사 より ~보다

私(わたし)は 中村(なかむら)さんより 二(ふた)つ 年上(としうえ)です。

先輩(せんぱい)より 一(ひと)つ 年下(としした)です。

彼(かれ)は 彼女(かのじょ)より 三(みっ)つ 下(した)です。

낱말과 표현

- 年上(としうえ) 연상
- 年下(としした) 연하
- 下(した) 아래, 밑

톡톡 패턴

Pattern practice

Track 06-03

A 보기와 같이 연습해 봅시다.

보기

A : 中村(なかむら)さんの お誕生日(たんじょうび)は いつですか。

B : 4月(がつ) 20日(はつか)です。

中村(なかむら) · 4月 20日

1. ワン·アリョ · 6月 8日

2. 鈴木(すずき) · 7月 31日

3. 遠藤(えんどう) · 11月 1日

4. 橋本(はしもと) · 9月 5日

5. 田中(たなか) · 3月 14日

6. キム·ジュウォン · 12月 10日

낱말과 표현

お誕生日(たんじょうび) 생일(お를 더하여 존경 • 친애의 뜻을 나타냄)

トクトク 톡톡 패턴

Track 06-04

B

보기

A：何月(なんがつ) 何日(なんにち) 何曜日(なんようび)ですか。

B：4月(がつ) 3日(みっか) 日曜日(にちようび)です。

4月 3日 日曜日(にちようび)

1 3月 2日 水曜日(すいようび)

2 4月 7日 木曜日(もくようび)

3 5月 9日 月曜日(げつようび)

4 6月 24日 金曜日(きんようび)

5 8月 6日 土曜日(どようび)

6 10月 4日 火曜日(かようび)

Pattern practice

Track 06-05

C

보기

A : 休(やす)みは いつから いつまでですか。

B : 休(やす)みは 7月(がつ) 31日(にち)から 8月(がつ) 6日(むいか)までです。

休(やす)み・7/31~8/6

1 テスト・4/19~4/23

2 雪祭(ゆきまつ)り・2/7~2/13

3 コンサート・3/20~4/10

4 ミュージカル公演(こうえん)・2/14~5/29

5 夏休(なつやす)み・7/10~8/30

6 冬休(ふゆやす)み・12/10~2/28

낱말과 표현

休(やす)み 휴일	コンサート 콘서트	夏休(なつやす)み 여름 방학
テスト 시험	ミュージカル 뮤지컬	冬休(ふゆやす)み 겨울 방학
雪祭(ゆきまつ)り 눈 축제	公演(こうえん) 공연	

톡톡 체크 Check

어휘·문법

①~④ 중에서 가장 알맞은 것을 골라 O표 하세요.

1 今日(きょう)は 4月 14日です。

① しがつ じゅうよんにち　② しがつ じゅうよっか

③ よんがつ じゅうよんにち　④ よんがつ じゅうよっか

2 明日(あした)は 土曜日です。

① とよび　② どよび　③ どようび　④ とようび

3 明日(あした)は 彼女(かのじょ)の 誕生日です。

① たんじょうび　② だんじょうび

③ たんじうび　④ たんじゅうび

청취

Track 06-06

잘 듣고 ①~④ 중에서 질문의 답으로 가장 알맞은 것을 골라 O표 하세요.

1 木村(きむら)さんの 誕生日は いつですか。

① 10月 13日　② 10月 31日　③ 11月 13日　④ 11月 30日

2 松本(まつもと)さんの 誕生日は いつですか。

① 8月 3日　② 8月 4日　③ 8月 6日　④ 8月 8日

3 上野(うえの)さんの 誕生日は いつですか。

① 9月 9日　② 9月 10日　③ 9月 8日　④ 9月 20日

톡톡 펜맨십

Kanji & Katakana

한자

なんよう び 何曜日 무슨 요일	なんよう び 何曜日	なんよう び 何曜日		
なんがつ 何月 몇 월	なんがつ 何月	なんがつ 何月		
なんにち 何日 며칠	なんにち 何日	なんにち 何日		
たんじょう び 誕生日 생일	たんじょう び 誕生日	たんじょう び 誕生日		
こんしゅう 今週 이번 주	こんしゅう 今週	こんしゅう 今週		
きょう 今日 오늘	きょう 今日	きょう 今日		

가타카나

テスト 테스트	テスト	
コンサート 콘서트	コンサート	
ミュージカル 뮤지컬	ミュージカル	

몇 년생이에요?

Track 06-07

보기

그림을 보면서 다음과 같이 이야기해 보세요.

A：中村(なかむら)さんは 何年生(なんねんう)まれの 何年(なにどし)ですか。

B：1988年(ねん)生(う)まれの たつどしです。

イ・ジュンス 学生(がくせい)

1989年(ねん) 4月(がつ) 20日(はつか)生(う)まれ

へびどし おうしざ ソウル生(う)まれ

中村美香(なかむらみか) 会社員(かいしゃいん)

1988年(ねん) 4月(がつ) 20日(はつか)生(う)まれ

たつどし おうしざ 東京(とうきょう)生(う)まれ

ワン・アリョ 留学生(りゅうがくせい)

1993年(ねん) 6月(がつ) 8日(ようか)生(う)まれ

とりどし ふたござ 北京(ペキン)生(う)まれ

キム・ジュウォン 会社員(かいしゃいん)

1986年(ねん) 12月(がつ) 10日(とおか)生(う)まれ

とらどし いてざ 釜山(ブサン)生(う)まれ

톡톡 어휘

● 星座(せいざ) 별자리

	牡羊座(おひつじざ) 양자리	3/21~4/19 生まれ		天秤座(てんびんざ) 천칭자리	9/23~10/23 生まれ
	牡牛座(おうしざ) 황소자리	4/20~5/20 生まれ		蠍座(さそりざ) 전갈자리	10/24~11/22 生まれ
	双子座(ふたござ) 쌍둥이자리	5/21~6/21 生まれ		射手座(いてざ) 궁수자리	11/23~12/21 生まれ
	蟹座(かにざ) 게자리	6/22~7/22 生まれ		山羊座(やぎざ) 염소자리	12/22~1/19 生まれ
	獅子座(ししざ) 사자자리	7/23~8/22 生まれ		水瓶座(みずがめざ) 물병자리	1/20~2/18 生まれ
	乙女座(おとめざ) 처녀자리	8/23~9/22 生まれ		魚座(うおざ) 물고기자리	2/19~3/20 生まれ

● 干支(えと) 띠

	子年(ねずみどし) 쥐띠		辰年(たつどし) 용띠		申年(さるどし) 원숭이띠
	丑年(うしどし) 소띠		巳年(へびどし) 뱀띠		酉年(とりどし) 닭띠
	寅年(とらどし) 호랑이띠		午年(うまどし) 말띠		戌年(いぬどし) 개띠
	卯年(うさぎどし) 토끼띠		未年(ひつじどし) 양띠		亥年(いのししどし) 돼지띠

unit 07

本当(ほんとう)に かっこいいですね。

정말 멋있네요.

학습목표 い형용사의 기본 활용형 익히기

톡톡 회화 Dialogue

Track 07-01

アリョ イ先輩(せんぱい)、本当(ほんとう)に かっこいいですね。

優(やさ)しくて 頭(あたま)も よくて…。

美香(みか) おもしろくて 背(せ)も 高(たか)くて。

アリョ まさに イケメンです。

そんな イ先輩(せんぱい)の タイプは…。

美香(みか) もしかしたら 私(わたし)が タイプ？

アリョ え？ 美香(みか)さんと イ先輩(せんぱい)は 友(とも)だちじゃ ないですか。

美香(みか) 冗談(じょうだん)、冗談(じょうだん)。ワンさん、ファイト！

낱말과 표현

- 本当(ほんとう)に 정말로
- かっこいい 멋있다
- ～ですね ~네요, ~군요
- 優(やさ)しい 상냥하다, 자상하다
- 頭(あたま) 머리
- ～も ~도
- よくて 좋고 → いい, 良(よ)い(좋다)의 나열형
- おもしろい 재미있다
- 背(せ)が高(たか)い 키가 크다
- まさに 진정, 정말
- イケメン 꽃미남
- そんな～ 그런~
- タイプ 이상형, 취향
- もしかしたら 어쩌면
- 友(とも)だち 친구
- 冗談(じょうだん) 농담
- ファイト 파이팅

トクトク 톡톡 문법

01 い형용사 어간 い (い형용사의 기본형) ~다

大(おお)きい 크다　　小(ちい)さい 작다

高(たか)い 비싸다, 높다　　安(やす)い 싸다

かっこいい 멋있다　　かわいい 귀엽다

02 い형용사 기본형 です (い형용사의 정중형) ~ㅂ니다

ワンさんは かわいいです。

今日(きょう)は 寒(さむ)いです。

中村(なかむら)さんの かばんは 高(たか)いです。

낱말과 표현

今日(きょう) 오늘

寒(さむ)い 춥다

かばん 가방

Track 07-02

03 い형용사 어간 く ない (い형용사의 부정형) ~지 않다

この 教室(きょうしつ)は 広(ひろ)く ない。

あの 映画(えいが)は 面白(おもしろ)く ない。

あの 店(みせ)は 高(たか)く ない。

낱말과 표현

教室(きょうしつ) 교실
広(ひろ)い 넓다
映画(えいが) 영화
面白(おもしろ)い 재미있다
店(みせ) 가게

04 い형용사 어간 く ないです, く ありません (い형용사 부정형의 정중형) ~지 않습니다

この 教室(きょうしつ)は 広(ひろ)く ないです(= 広(ひろ)く ありません)。

あの 映画(えいが)は 面白(おもしろ)く ないです(= 面白(おもしろ)く ありません)。

あの 店(みせ)は 高(たか)く ないです(= 高(たか)く ありません)。

トクトク 톡톡 문법

05 い형용사 기본형 + 명사 (い형용사의 명사 수식형) ~ㄴ

面白(おもしろ)い ドラマ

新(あたら)しい スマートフォン

かっこいい 先輩(せんぱい)

낱말과 표현

ドラマ 드라마

新(あたら)しい 새롭다

スマートフォン 스마트폰

かっこいい 멋있다

先輩(せんぱい) 선배

06 い형용사 어간 くて (い형용사의 연결형) ~고, ~서

① 나열

先輩(せんぱい)は 優(やさ)しくて 頭(あたま)も いいです。

あの 店(みせ)は 安(やす)くて おいしいです。

② 이유 설명

駅(えき)が 近(ちか)くて、いいです。

物価(ぶっか)が 高(たか)くて、苦(くる)しいです。

낱말과 표현

優(やさ)しい 상냥하다, 자상하다

頭(あたま) 머리

～も ~도

いい 좋다

安(やす)い 싸다

おいしい 맛있다

駅(えき) 역

近(ちか)い 가깝다

物価(ぶっか) 물가

苦(くる)しい 궁색하다

Track 07-02

07 い형용사 いい(よい)의 활용

낱말과 표현

天気(てんき) 날씨

① い형용사 いい(よい)의 부정형

天気(てんき)が いく ない。 (×)

天気(てんき)が よく ない。(○)

② い형용사 いい(よい) 부정형의 정중형

天気(てんき)が いく ないです。 (×)

天気(てんき)が よく ないです。 (○)

(＝ 天気(てんき)が よく ありません。) (○)

③ い형용사 いい(よい)의 명사 수식형

いい 天気(てんき) (○)

よい 天気(てんき) (○)

④ い형용사 いい(よい)의 연결형

天気(てんき)が いくて (×)

天気(てんき)が よくて (○)

톡톡 문법

Grammar

Track 07-02

08 명사 も ~도

来週(らいしゅう)も テストですか。

ドラマも 映画(えいが)も 面白(おもしろ)く ないです。

この 店(みせ)は ケーキも 安(やす)くて おいしいです。

낱말과 표현

来週(らいしゅう) 다음 주

テスト 시험

ドラマ 드라마

映画(えいが) 영화

ケーキ 케이크

安(やす)い 싸다

おいしい 맛있다

톡톡 패턴 Pattern practice

Track 07-03

A 보기와 같이 연습해 봅시다.

보기

A : パソコンは 新(あたら)しいですか。

B : いいえ、新(あたら)しく ないです。

(= 新しく ありません。)

パソコン・新(あたら)しい

1 教室(きょうしつ)・広(ひろ)い

2 今日(きょう)・寒(さむ)い

3 日本語(にほんご)・難(むずか)しい

4 漢字(かんじ)・易(やさ)しい

5 スカート・長(なが)い

6 駅(えき)・近(ちか)い

낱말과 표현

パソコン 컴퓨터
新(あたら)しい 새롭다
教室(きょうしつ) 교실
広(ひろ)い 넓다
今日(きょう) 오늘
寒(さむ)い 춥다
難(むずか)しい 어렵다
漢字(かんじ) 한자
易(やさ)しい 쉽다
スカート 치마
長(なが)い 길다
駅(えき) 역
近(ちか)い 가깝다

톡톡(トクトク) 패턴

Track 07-04

B

ケーキ・おいしい

보기

A：この ケーキは とても おいしいですね。

B：そうですね。おいしい ケーキですね。

1 この 冬(ふゆ)・寒(さむ)い

2 この キムチ・辛(から)い

3 あの 会社(かいしゃ)・大(おお)きい

4 この 車(くるま)・新(あたら)しい

낱말과 표현

この 이	そうですね 그렇군요, 그렇네요	会社(かいしゃ) 회사
ケーキ 케이크	冬(ふゆ) 겨울	大(おお)きい 크다
とても 아주	キムチ 김치	車(くるま) 자동차
おいしい 맛있다	辛(から)い 맵다	
～ですね ~군요, ~네요	あの 저	

Pattern practice

Track 07-05

C

보기

店(みせ)/安(やす)い, おいしい

A：どんな 店(みせ)ですか。

B：安(やす)くて おいしい 店(みせ)です。

1 かばん/大(おお)きい, 高(たか)い

2 キムチ/辛(から)い, おいしい

3 スマートフォン/新(あたら)しい, 安(やす)い

4 部屋(へや)/明(あか)るい, 広(ひろ)い

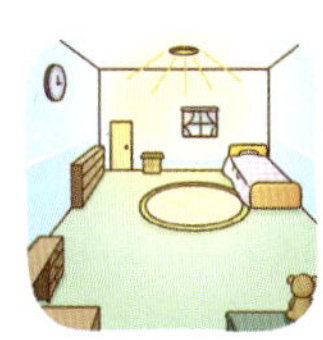

낱말과 표현

どんな~ 이떤~	安(やす)い 싸나	明(あか)るい 밝다
店(みせ) 가게	部屋(へや) 방	広(ひろ)い 넓다

톡톡 체크 Check

어휘·문법

①~④중에서 가장 알맞은 것을 골라 O표 하세요.

1 この 財布(さいふ)は ＿★＿。安(やす)いです。

① 高(たか)くじゃ ないです　② 高(たか)いじゃ ないです
③ 高(たか)く ないです　④ 高(たか)ありません

2 新(あたら)し＿★＿ おいしい 店(みせ)です。

① かて　② して　③ こて　④ くて

3 先輩(せんぱい)は 頭(あたま)も ＿★＿ とても 優(やさ)しいです。

① いくて　② いくない　③ よくて　④ よくない

청취

Track 07-06

잘 듣고 ①~④중에서 질문의 답으로 가장 알맞은 것을 골라 O표 하세요.

1 この 店(みせ)の ＿＿＿は おいしく ありません。

① ケーキ　② クッキー　③ キムチ　④ コーヒー

2 この かばんは ＿＿＿ ありません。

① 大(おお)きく　② 小(ちい)さく　③ かわいく　④ 安(やす)く

3 山田先生(やまだせんせい)の 授業(じゅぎょう)は ＿＿＿です。

① 面白(おもしろ)い　② 優(やさ)しい　③ 明(あか)るい　④ かっこいい

톡톡 펜맨십

Kanji & Katakana

한자

たかい 高い 비싸다, 높다	たかい 高い	たかい 高い		
やすい 安い 싸다	やすい 安い	やすい 安い		
あたらしい 新しい 새롭다	あたらしい 新しい	あたらしい 新しい		
ふるい 古い 오래되다, 낡다	ふるい 古い	ふるい 古い		
つよい 強い 강하다	つよい 強い	つよい 強い		
よわい 弱い 약하다	よわい 弱い	よわい 弱い		
ながい 長い 길다	ながい 長い	ながい 長い		

가타카나

ファイト 파이팅	ファイト	
タイプ 타입	タイプ	

い형용사

Track 07-07

보기

그림을 보면서 다음과 같이 이야기해 보세요.

A：大(おお)きいですか。

B：はい、大(おお)きいです。

いいえ、大(おお)きく ないです(＝大(おお)きく ありません)。

大(おお)きい 크다

小(ちい)さい 작다

高(たか)い 비싸다

安(やす)い 싸다

高(たか)い 높다

低(ひく)い 낮다

新(あたら)しい 새롭다

古(ふる)い 오래되다, 낡다

톡톡 어휘

強(つよ)い 강하다

弱(よわ)い 약하다

長(なが)い 길다

短(みじか)い 짧다

暑(あつ)い 덥다

寒(さむ)い 춥다

暖(あたた)かい 따뜻하다

涼(すず)しい 선선하다

熱(あつ)い 뜨겁다

冷(つめ)たい 차갑다

広(ひろ)い 넓다

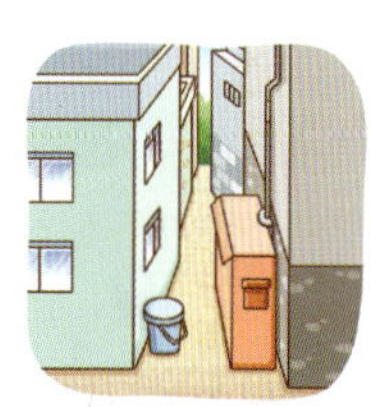
狭(せま)い 좁다

明(あか)るい 밝다

暗(くら)い 어둡다

楽(たの)しい 즐겁다

悲(かな)しい 슬프다

unit 08

どんな人(ひと)が好(す)きですか。

어떤 사람을 좋아하세요?

학습목표 な형용사의 기본 활용형 익히기

톡톡 회화 Dialogue

Track 08-01

アリョ	先輩(せんぱい)、先輩(せんぱい)は どんな 音楽(おんがく)が 好(す)きですか。
ジュンス	静(しず)かな 音楽(おんがく)が 好(す)きだよ。
	クラシックとか バラードとか。
アリョ	そうですか。じゃ、女性(じょせい)は… どんな 人(ひと)が 好(す)きですか。
ジュンス	元気(げんき)で 真面目(まじめ)で…。
アリョ	顔(かお)とか スタイルも 大事(だいじ)ですか。
ジュンス	ハハハ、もちろん。
	男(おとこ)は みんな スリムで きれいな 人(ひと)が 好(す)きだよ。
アリョ	やっぱり…。男性(だんせい)は みんな 同(おな)じですね。

낱말과 표현

- どんな~ 어떤~
- 音楽(おんがく) 음악
- 好(す)きだ 좋아하다
- 静(しず)かだ 조용하다
- クラシック 클래식
- ~とか ~라든가
- バラード 발라드
- そうですか 그렇습니까
- じゃ 그럼
- 女性(じょせい) 여성, 여자
- 元気(げんき)だ 건강하다
- 真面目(まじめ)だ 성실하다, 착실하다
- ~で ~(이)고
- 顔(かお) 얼굴
- スタイル 스타일
- 大事(だいじ)だ 중요하다, 소중하다
- ハハハ 하하하(남자 웃음소리)
- もちろん 물론
- 男(おとこ) 남자
- みんな 모두
- スリムだ 날씬하다, 슬림하다
- きれいだ 예쁘다
- やっぱり 역시
- 男性(だんせい) 남성, 남자
- 同(おな)じだ 똑같다, 동일하다

トクトク 톡톡 문법

01 な형용사 어간 だ (な형용사의 기본형) ~다

親切(しんせつ)だ 친절하다

有名(ゆうめい)だ 유명하다

賑(にぎ)やかだ 번화하다

元気(げんき)だ 건강하다

便利(べんり)だ 편리하다

きれいだ 예쁘다, 깨끗하다

ハンサムだ 핸섬하다

02 な형용사 어간 です (な형용사의 정중형) ~ㅂ니다

スマートフォンは 便利(べんり)です。

中村(なかむら)さんは きれいです。

日本語(にほんご)の 先生(せんせい)は 親切(しんせつ)です。

낱말과 표현

便利(べんり)だ 편리하다

きれいだ 예쁘다

日本語(にほんご) 일본어

~の ~의

先生(せんせい) 선생님

親切(しんせつ)だ 친절하다

Grammar

Track 08-02

03 な형용사 어간 じゃ ない (な형용사의 부정형) ~지 않다

彼(かれ)は 真面目(まじめ)じゃ ない。

あの 店(みせ)の 店員(てんいん)は 親切(しんせつ)じゃ ない。

この 街(まち)は 静(しず)かじゃ ない。

낱말과 표현

彼(かれ) 그, 그 남자

真面目(まじめ)だ 성실하다, 착실하다

店員(てんいん) 점원

街(まち) 거리, 번화가

静(しず)かだ 조용하다

04 な형용사 어간 じゃ ないです, じゃ ありません (な형용사 부정형의 정중형) ~지 않습니다

彼(かれ)は 真面目(まじめ)じゃ ないです(= 真面目(まじめ)じゃ ありません)。

あの 店(みせ)の 店員(てんいん)は 親切(しんせつ)じゃ ないです(= 親切(しんせつ)じゃ ありません)。

この 街(まち)は 静(しず)かじゃ ないです(= 静(しず)かじゃ ありません)。

トクトク 톡톡 문법

05 な형용사 어간 な + 명사 (な형용사의 명사 수식형) ~ㄴ

スリムな モデル

静(しず)かな 公園(こうえん)

有名(ゆうめい)な 歌手(かしゅ)

낱말과 표현

スリムだ 날씬하다, 슬림하다

モデル 모델

公園(こうえん) 공원

有名(ゆうめい)だ 유명하다

歌手(かしゅ) 가수

06 な형용사 어간 で (な형용사의 연결형) ~고, ~서

① 나열

ハンサムで 親切(しんせつ)な 先輩(せんぱい)

彼女(かのじょ)は スマートで クールな 人(ひと)です。

② 이유 설명

この 街(まち)は 賑(にぎ)やかで、いいです。

彼(かれ)は ハンサムで、人気(にんき)です。

낱말과 표현

ハンサムだ 핸섬하다

先輩(せんぱい) 선배

彼女(かのじょ) 그녀

スマートだ 스마트하다, 재치가 있다, 날씬하다

クールだ 쿨하다

人(ひと) 사람

街(まち) 거리

賑(にぎ)やかだ 번화하다

人気(にんき)だ 인기가 있다

Track 08-02

07 な형용사 同(おな)じだ의 활용

① な형용사 同(おな)じだ의 정중형

同(おな)じです。

② な형용사 同(おな)じだ의 명사 수식형

同(おな)じな 学校(がっこう) (×)

同(おな)じ 学校(がっこう) (○)

낱말과 표현

同(おな)じだ 같다, 동일하다

学校(がっこう) 학교

08 どんな 명사 が 好(す)きですか 어떤 ~을/를 좋아하세요?

どんな 人(ひと)が 好(す)きですか。

どんな 料理(りょうり)が 好(す)きですか。

どんな 音楽(おんがく)が 好(す)きですか。

낱말과 표현

人(ひと) 사람

料理(りょうり) 요리

音楽(おんがく) 음악

톡톡 문법 Grammar

Track 08-02

09 とか ~라든가

このレストランはパスタとかピザとか
イタリアン料理(りょうり)が有名(ゆうめい)です。

美香(みか)さんはネックレスとかイヤリングとか
アクセサリーが好(す)きです。

낱말과 표현

- **レストラン** 레스토랑
- **パスタ** 파스타
- **ピザ** 피자
- **イタリアン料理(りょうり)** 이탈리아풍 요리
- **有名(ゆうめい)だ** 유명하다
- **ネックレス** 목걸이
- **イヤリング** 이어링, 귀걸이
- **アクセサリー** 액세서리

톡톡 패턴 Pattern practice

Track 08-03

A 보기와 같이 연습해 봅시다.

보기

A：あの レストランは きれいですか。

B：いいえ、きれいじゃ ないです。

(＝ きれいじゃ ありません。)

あの レストラン・きれいだ

1 街(まち)・静(しず)かだ

2 ワンさん・スリムだ

3 問題(もんだい)・簡単(かんたん)だ

4 学生(がくせい)・真面目(まじめ)だ

5 子供(こども)・元気(げんき)だ

6 店員(てんいん)・親切(しんせつ)だ

낱말과 표현

レストラン 레스토랑	問題(もんだい) 문제	子供(こども) 어린이, 아이
きれいだ 깨끗하다, 예쁘다	簡単(かんたん)だ 간단하다	元気(げんき)だ 건강하다, 활발하다
スリムだ 날씬하다, 슬림하다	学生(がくせい) 학생	店員(てんいん) 점원

톡톡 패턴

Track 08-04

B

보기

A：この 問題(もんだい)は 簡単(かんたん)ですね。

B：そうですね。簡単(かんたん)な 問題(もんだい)ですね。

この 問題(もんだい)・簡単(かんたん)だ

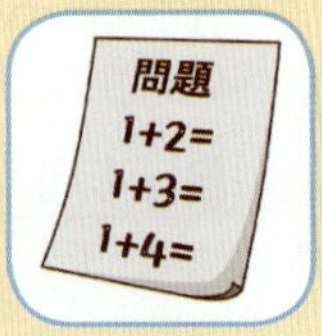

1 あの 先輩(せんぱい)・ハンサムだ

2 あの 人(ひと)・真面目(まじめ)だ

3 この 人(ひと)・クールだ

4 あの 歌手(かしゅ)・有名(ゆうめい)だ

낱말과 표현

クールだ 쿨하다
有名(ゆうめい)だ 유명하다
歌手(かしゅ) 가수

Pattern practice

Track 08-05

C

보기

学生(がくせい)/ハンサムだ・真面目(まじめ)だ

A：どんな 学生(がくせい)ですか。

B：ハンサムで 真面目(まじめ)な 学生(がくせい)です。

1 レストラン/きれいだ・親切(しんせつ)だ

2 子供(こども)/元気(げんき)だ・丈夫(じょうぶ)だ

3 スマートフォン/簡単(かんたん)だ・便利(べんり)だ

4 車(くるま)/楽(らく)だ・静(しず)かだ

낱말과 표현

ハンサムだ 핸섬하다	元気(げんき)だ 건강하다, 활발하다	便利(べんり)だ 편리하다
きれいだ 깨끗하다	丈夫(じょうぶ)だ 튼튼하다	車(くるま) 자동차
親切(しんせつ)だ 친절하다	スマートフォン 스마트폰	楽(らく)だ 편하다
子供(こども) 어린이, 아이	簡単(かんたん)だ 간단하다	静(しず)かだ 조용하다

톡톡 체크 Check

어휘·문법

①~④중에서 가장 알맞은 것을 골라 O표 하세요.

1 この 公園(こうえん)は ＿＿★＿＿。静(しず)かです。

① 賑(にぎ)やかく ないです　　② 賑(にぎ)やかじゃ ないです

③ 賑(にぎ)やか ないです　　④ 賑(にぎ)やか ありません

2 彼(かれ)は 日本(にほん)の ＿＿★＿＿ 歌手(かしゅ)です。

① 有名(ゆうめい)　② 有名(ゆうめい)の　③ 有名(ゆうめい)な　④ 有名(ゆうめい)で

3 あの レストランは ＿＿★＿＿ とても 親切(しんせつ)です。

① きれいで　② きれいな　③ きれい　④ きれくて

청취

Track 08-06

잘 듣고 ①~④중에서 질문의 답으로 가장 알맞은 것을 골라 O표 하세요.

1 英語(えいご)の 先生(せんせい)は どんな 人(ひと)ですか。

① すてきだ　　② 親切(しんせつ)だ

③ 真面目(まじめ)じゃ ない　　④ 親切(しんせつ)じゃ ない

2 この 歌手(かしゅ)は どんな 歌手(かしゅ)ですか。

① 有名(ゆうめい)で かっこいい　　② スリムで スタイルが いい

③ 元気(げんき)で かっこいい　　④ スリムで かわいい

3 この レストランは どんな レストランですか。

① おいしくて 安(やす)い　　② おいしくて 親切(しんせつ)だ

③ きれいで 安(やす)い　　④ 有名(ゆうめい)で 親切(しんせつ)だ

한자

읽기	한자	뜻	따라 쓰기	따라 쓰기		
すきだ	好きだ	좋아하다	好きだ	好きだ		
まじめだ	真面目だ	성실하다	真面目だ	真面目だ		
しんせつだ	親切だ	친절하다	親切だ	親切だ		
ゆうめいだ	有名だ	유명하다	有名だ	有名だ		
げんきだ	元気だ	건강하다	元気だ	元気だ		
べんりだ	便利だ	편리하다	便利だ	便利だ		

가타카나

가타카나	뜻	따라 쓰기	
ハンサム	핸섬	ハンサム	
スタイル	스타일	スタイル	
スマート	스마트	スマート	

な형용사

Track 08-07

보기

그림을 보면서 다음과 같이 이야기해 보세요.

A：親切(しんせつ)ですか。

B：はい、親切(しんせつ)です。

いいえ、親切(しんせつ)じゃ ないです(＝親切(しんせつ)じゃ ありません)。

好(す)きだ 좋아하다

嫌(きら)いだ 싫어하다

賑(にぎ)やかだ 번화하다

静(しず)かだ 조용하다

便利(べんり)だ 편리하다

不便(ふべん)だ 불편하다

元気(げんき)だ 건강하다

丈夫(じょうぶ)だ 튼튼하다

톡톡 어휘

きれいだ 예쁘다

ハンサムだ 핸섬하다

派手(はで)だ 화려하다

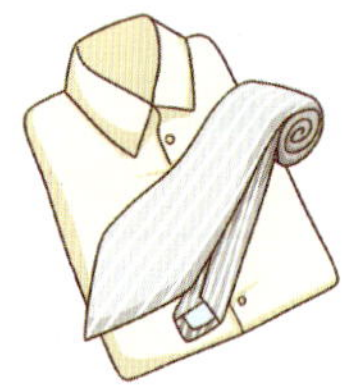
地味(じみ)だ 수수하다

ゴージャスだ 럭셔리하다

すてきだ 멋있다

安全(あんぜん)だ 안전하다

安心(あんしん)だ 안심이다

有名(ゆうめい)だ 유명하다

立派(りっぱ)だ 훌륭하다

真面目(まじめ)だ 성실하다

親切(しんせつ)だ 친절하다

大変(たいへん)だ 힘들다

暇(ひま)だ 한가하다

上手(じょうず)だ 잘하다

下手(へた)だ 못하다

unit 09

世界で 一番 すてきな 人です。

(せかい / いちばん / ひと)

세상에서 제일 멋진 사람이에요.

학습목표 비교급 문형과 최상급 문형 익히기

トクトク 톡톡 회화 Dialogue

Track 09-01

美香(みか)	イさんは かわいい 人(ひと)と きれいな 人(ひと)と どちらが 好(す)きですか。
ジュンス	僕(ぼく)は かわいくて きれいな 人(ひと)が 好(す)きです。
美香(みか)	やっぱり。男(おとこ)の人(ひと)は みんな 同(おな)じですね。
ジュンス	中村(なかむら)さんは イ・ビョンホンと ヒョン・ビンの 大(だい)ファンですよね？ イ・ビョンホンと ヒョン・ビンと どちらが好(す)きですか。
美香(みか)	どちらも 大好(だいす)きです。でも ワンさんに とっては ジュンスさんが イ・ビョンホンで ヒョン・ビンですよ。
ジュンス	え、そうですか。
美香(みか)	ええ、ワンさんに とっては イさんが 世界(せかい)で 一番(いちばん) すてきな 人(ひと)です。

낱말과 표현

- **かわいい** 귀엽다
- **人(ひと)** 사람
- **きれいだ** 예쁘다
- **～と** ~하고, ~와/과
- **どちら** 어느 쪽
- **好(す)きだ** 좋아하다
- **僕(ぼく)** 나(남자가 등등하거나 손아랫사람에게 쓰는 허물없는 말)
- **やっぱり** 역시
- **男(おとこ)の人(ひと)** 남자
- **みんな** 모두
- **同(おな)じだ** 같다
- **大(だい)ファン** 열성적인 팬
- **～ですよね** ~지요?
- **～も** ~도
- **大好(だいす)きだ** 굉장히 좋아하다, 매우 좋아하다
- **でも** 하지만
- **～に とっては** ~에게 있어서는
- **～で** ~(이)고
- **～ですよ** ~요(상대에게 알리는 뜻을 나타냄)
- **ええ** 예, 네
- **世界(せかい)** 세계, 세상
- **一番(いちばん)** 가장, 제일
- **すてきだ** 멋지다

トクトク 톡톡 문법

01 비교 구문

① **Aと Bと どちらが～** A와 B (둘 중에서) 어느 쪽을 더~

赤(あか)と 青(あお)と どちらが 好(す)きですか。

日本語(にほんご)と 英語(えいご)と どちらが 上手(じょうず)ですか。

面白(おもしろ)い 人(ひと)と ハンサムな 人(ひと)と

どちらが いいですか。

낱말과 표현

赤(あか) 빨강

青(あお) 파랑

英語(えいご) 영어

上手(じょうず)だ 잘하다

② **Aの 方(ほう)が (Bより)～** A 쪽을 더 (B보다)~

赤(あか)の 方(ほう)が (青(あお)より) 好(す)きです。

日本語(にほんご)の 方(ほう)が (英語(えいご)より) 上手(じょうず)です。

面白(おもしろ)い 人(ひと)の 方(ほう)が (ハンサムな 人(ひと)より) いいです。

Grammar

Track 09-02

02 최상급 구문

① 一番(いちばん)～ 제일～, 가장～

この モデルが 一番(いちばん) きれいです。

この ドラマが 一番(いちばん) 面白(おもしろ)いです。

これが 一番(いちばん) 高(たか)いです。

② ～の 中(なか)で～ ~중에서 ~

韓国(かんこく)の 歌手(かしゅ)の 中(なか)で 一番(いちばん) 有名(ゆうめい)です。

メンバーの 中(なか)で 彼女(かのじょ)が 一番(いちばん) かわいいです。

クラスの 学生(がくせい)の 中(なか)で 彼(かれ)が 一番(いちばん) 真面目(まじめ)です。

낱말과 표현

モデル 모델

ドラマ 드라마

歌手(かしゅ) 가수

メンバー 멤버

彼女(かのじょ) 그녀

クラス 클래스, 학급

学生(がくせい) 학생

彼(かれ) 그, 그 남자

톡톡 문법 Grammar

Track 09-02

03 의문사

① 何(なに) 무엇

果物(くだもの)の 中(なか)で **何**(なに)が 一番(いちばん) 好(す)きですか。

② いつ 언제

四季(しき)の 中(なか)で **いつ**が 一番(いちばん) 好(す)きですか。

③ だれ 누구

日本(にほん)の 俳優(はいゆう)の 中(なか)で **だれ**が 一番(いちばん) 好(す)きですか。

④ どこ 어디

韓国(かんこく)の 島(しま)の 中(なか)で **どこ**が 一番(いちばん) きれいですか。

⑤ どれ 어느 것

コーヒーと コーラと ジュースの 中(なか)で **どれ**が 一番(いちばん) 好(す)きですか。

낱말과 표현

- 果物(くだもの) 과일
- 四季(しき) 사계, 사철
- 俳優(はいゆう) 배우
- 島(しま) 섬
- きれいだ 아름답다
- コーヒー 커피
- コーラ 콜라
- ジュース 주스

톡톡 패턴 Pattern practice

Track 09-03

A 보기와 같이 연습해 봅시다.

보기

A : パスタと ピザと どちらが 好(す)きですか。

B : パスタ(orピザ)の 方(ほう)が 好(す)きです。

パスタ, ピザ

1 東京(とうきょう), 京都(きょうと)

2 ヨガ, ジョギング

3 犬(いぬ), 猫(ねこ)

4 山(やま), 海(うみ)

5 白(しろ), 黒(くろ)

6 アメリカーノ, キャラメル マキアート

낱말과 표현

パスタ 파스타
ピザ 피자
ヨガ 요가
ジョギング 조깅
犬(いぬ) 개, 강아지
猫(ねこ) 고양이
山(やま) 산
海(うみ) 바다
白(しろ) 하양
黒(くろ) 검정
アメリカーノ 아메리카노
キャラメル マキアート 캐러멜 마키아토

톡톡 패턴

Track 09-04

B

보기

A : みかんと りんごと いちごの 中(なか)で どれが 一番(いちばん) 好(す)きですか。

B : みかん(or りんご, いちご)が 一番(いちばん) 好(す)きです。

みかん, りんご, いちご

1 バナナ, パイナップル, オレンジ

2 焼酎(しょうちゅう), ワイン, ビール

3 サッカー, 野球(やきゅう), 水泳(すいえい)

4 ネックレス, イヤリング, 指輪(ゆびわ)

낱말과 표현

みかん 감귤	オレンジ 오렌지	野球(やきゅう) 야구
りんご 사과	焼酎(しょうちゅう) 소주	水泳(すいえい) 수영
いちご 딸기	ワイン 와인	ネックレス 목걸이
バナナ 바나나	ビール 맥주	イヤリング 이어링, 귀걸이
パイナップル 파인애플	サッカー 축구	指輪(ゆびわ) 반지

Pattern practice

Track 09-05

C

보기

A：四季(しき)の 中(なか)で いつが 一番(いちばん) 好(す)きですか。

B：秋(あき)が 一番(いちばん) 好(す)きです。

四季(しき), いつ

1 動物(どうぶつ), 何(なに)

2 飲(の)み物(もの), 何(なに)

3 料理(りょうり), 何(なに)

4 スポーツ, 何(なに)

낱말과 표현

四季(しき) 사계, 사철	飲(の)み物(もの) 음료	すし 초밥
秋(あき) 가을	コーヒー 커피	ラーメン 라면
動物(どうぶつ) 동물	コーラ 콜라	スポーツ 스포츠
象(ぞう) 코끼리	ジュース 주스	野球(やきゅう) 야구
鹿(しか) 사슴	料理(りょうり) 요리	バスケットボール 농구
パンダ 판다	エビフライ 새우튀김	サッカー 축구

トクトク

톡톡 체크 Check

어휘·문법

①~④ 중에서 가장 알맞은 것을 골라 O표 하세요.

1 サッカーと 野球(やきゅう)と ＿★＿が 好(す)きですか。

① どれ　　② だれ　　③ どこ　　④ どちら

2 いちごと バナナと りんごの 中(なか)で ＿★＿が 一番(いちばん) 好(す)きですか。

① どちら　　② どこ　　③ どれ　　④ なに

3 俳優(はいゆう)の 中(なか)で ＿★＿が 一番(いちばん) 好(す)きですか。

① どれ　　② だれ　　③ いつ　　④ なに

Track 09-06

청취

잘 듣고 ①~④ 중에서 질문의 답으로 가장 알맞은 것을 골라 O표 하세요.

1 ワンさんは どんな 動物(どうぶつ)が 好(す)きですか。

① 大(おお)きい 猫(ねこ)　　② 小(ち)さい 猫(ねこ)　　③ 大(おお)きい 犬(いぬ)　　④ 小(ち)さい 犬(いぬ)

2 鈴木(すずき)さんは どんな スポーツが 好(す)きですか。

① スキー　　② サッカー　　③ 野球(やきゅう)　　④ 水泳(すいえい)

3 山田(やまだ)さんが 一番(いちばん) 好(す)きな ジュースは 何(なん)ですか。

① りんごジュース　　② オレンジジュース

③ パイナップルジュース　　④ バナナジュース

トクトク 톡톡 펜맨십

Kanji & Katakana

한자

くだもの 果物 과일	くだもの 果物	くだもの 果物		
いちばん 一番 제일, 가장	いちばん 一番	いちばん 一番		
せ かい 世界 세계, 세상	せ かい 世界	せ かい 世界		
し き 四季 사계, 사철	し き 四季	し き 四季		
はいゆう 俳優 배우	はいゆう 俳優	はいゆう 俳優		
か しゅ 歌手 가수	か しゅ 歌手	か しゅ 歌手		

가타카나

ピザ 피자	ピザ	
コーラ 콜라	コーラ	
ジュース 주스	ジュース	

가장 좋아하는 것은?

Track 09-07

보기

그림을 보면서 다음과 같이 이야기해 보세요.

A：飲(の)み物(もの)の 中(なか)で 何(なに)が 一番(いちばん) 好(す)きですか。

B：コーヒーが 一番(いちばん) 好(す)きです。

● 飲(の)み物(もの) 음료

コーヒー
커피

コーラ
콜라

ジュース
주스

牛乳(ぎゅうにゅう)
우유

緑茶(りょくちゃ)
녹차

紅茶(こうちゃ)
홍차

ウーロン茶(ちゃ)
우롱차

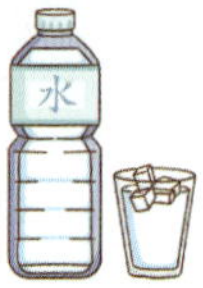

ミネラルウォーター
미네랄워터

● お酒(さけ) 술

日本酒(にほんしゅ)
정종

カクテル
칵테일

ウイスキー
위스키

マッコリ
막걸리

톡톡 어휘

果物(くだもの) 과일

みかん 감귤	りんご 사과	なし 배	いちご 딸기

バナナ 바나나	オレンジ 오렌지	キウィ 키위	メロン 멜론

色(いろ) 색

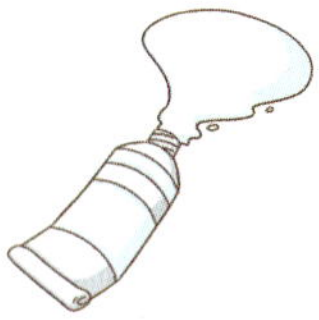			
白(しろ) 하양	黒(くろ) 검정	赤(あか) 빨강	青(あお) 파랑

黄色(きいろ) 노랑	緑(みどり) 초록	紫(むらさき) 보라	ピンク 분홍

unit 10

このブラウスはいくらですか。

이 블라우스는 얼마예요?

학습목표 가격 묻고 답하기, 기본 조수사 익히기

톡톡 회화 Dialogue

Track 10-01

美香(みか)	うわ〜、ここが 有名(ゆうめい)な トンデムン市場(いちば)ですね。 安(やす)くて かわいい ものが いっぱい。
店員(てんいん)	いらっしゃいませ。
美香(みか)	この ブラウスは いくらですか。
店員(てんいん)	3万(さんまん)ウォンです。この スカートも いかがですか。 ブラウスが 3万(さんまん)ウォンで、スカートは 2万(にまん) 8千(はっせん)ウォンです。 セットでは 5万(ごまん) 5千(ごせん)ウォンです。
美香(みか)	じゃ、セットで お願(ねが)いします。 それから この スカーフも 1枚(いちまい) ください。全部(ぜんぶ)で いくらですか。
店員(てんいん)	全部(ぜんぶ)で 7万(ななまん)ウォンです。ありがとうございます。

낱말과 표현

うわ〜 우와~(놀라거나 감동했을 때 내는 소리)
ここ 여기
有名(ゆうめい)な 유명한
市場(いちば) 시장
〜ですね ~군요, ~네요
安(やす)い 싸다
かわいい 귀엽다
もの 물건
いっぱい 가득
店員(てんいん) 점원
いらっしゃいませ 어서 오십시오
ブラウス 블라우스
いくら 얼마
3万(まん) 3만
〜ウォン (한국)원
スカート 스커트, 치마
〜も ~도
いかがですか 어떠십니까?
〜で ~(으)로, ~(이)고
2万(まん)8千(せん) 2만 8천
セット 세트
それから 그리고
スカーフ 스카프
1枚(まい) 한 장
ください 주세요
全部(ぜんぶ) 전부
ありがとうございます 감사합니다

톡톡 문법

01 いくらですか 얼마예요?

これは いくらですか。

この スカーフは いくらですか。

あの ワンピースは いくらですか。

낱말과 표현

スカーフ 스카프

ワンピース 원피스

[세계의 통화]

ウォン (한국)원	元(げん) (중국)위안
円(えん) (일본)엔	ユーロ (유럽 연합)유로
ドル (미국)달러	ポンド (영국)파운드

Track 10-02

02 숫자 100～900,000

百(ひゃく) 백	千(せん) 천	万(まん) 만	10万(じゅうまん) 십만
100 ひゃく	1, 000 せん	1万 いちまん	10万 じゅうまん
200 にひゃく	2, 000 にせん	2万 にまん	20万 にじゅうまん
300 さんびゃく	3, 000 さんぜん	3万 さんまん	30万 さんじゅうまん
400 よんひゃく	4, 000 よんせん	4万 よんまん	40万 よんじゅうまん
500 ごひゃく	5, 000 ごせん	5万 ごまん	50万 ごじゅうまん
600 ろっぴゃく	6, 000 ろくせん	6万 ろくまん	60万 ろくじゅうまん
700 ななひゃく	7, 000 ななせん	7万 ななまん	70万 ななじゅうまん
800 はっぴゃく	8, 000 はっせん	8万 はちまん	80万 はちじゅうまん
900 きゅうひゃく	9, 000 きゅうせん	9万 きゅうまん	90万 きゅうじゅうまん

톡톡 문법

03 조수사2

① 何人(なんにん) 몇 명

一人 ひとり	二人 ふたり	三人 さんにん	四人 よにん	五人 ごにん	六人 ろくにん
七人 ななにん	八人 はちにん	九人 きゅうにん	十人 じゅうにん	十一人 じゅういちにん	何人 なんにん

② 何枚(なんまい) 몇 장

一枚 いちまい	二枚 にまい	三枚 さんまい	四枚 よんまい	五枚 ごまい	六枚 ろくまい
七枚 ななまい	八枚 はちまい	九枚 きゅうまい	十枚 じゅうまい	十一枚 じゅういちまい	何枚 なんまい

③ 何個(なんこ) 몇 개

一個 いっこ	二個 にこ	三個 さんこ	四個 よんこ	五個 ごこ	六個 ろっこ
七個 ななこ	八個 はちこ はっこ	九個 きゅうこ	十個 じゅっこ	十一個 じゅういっこ	何個 なんこ

Track 10-02

④ 何本(なんぼん) 몇 병, 몇 자루

一本 いっぽん	二本 にほん	三本 さんぼん	四本 よんほん	五本 ごほん	六本 ろっぽん
七本 ななほん	八本 はっぽん	九本 きゅうほん	十本 じゅっぽん	十一本 じゅういっぽん	何本 なんぼん

⑤ 何冊(なんさつ) 몇 권

一冊 いっさつ	二冊 にさつ	三冊 さんさつ	四冊 よんさつ	五冊 ごさつ	六冊 ろくさつ
七冊 ななさつ	八冊 はっさつ	九冊 きゅうさつ	十冊 じゅっさつ	十冊 じゅういっさつ	何冊 なんさつ

⑥ 何台(なんだい) 몇 대

一台 いちだい	二台 にだい	三台 さんだい	四台 よんだい	五台 ごだい	六台 ろくだい
七台 ななだい	八台 はちだい	九台 きゅうだい	十台 じゅうだい	十一台 じゅういちだい	何台 なんだい

⑦ 何匹(なんびき) 몇 마리

一匹 いっぴき	二匹 にひき	三匹 さんびき	四匹 よんひき	五匹 ごひき	六匹 ろっぴき
七匹 ななひき	八匹 はっぴき	九匹 きゅうひき	十匹 じゅっぴき	十一匹 じゅういっぴき	何匹 なんびき

톡톡 문법 Grammar

Track 10-02

04 ～で ~(이)고, ~(으)로

① ~(이)고

ブラウスは 3万(さんまん)ウォンで、スカートは 2万(にまん) 8千(はっせん)ウォンです。

アメリカーノは 2,500ウォンで、カプチーノは 3,500ウォンです。

チョコレートケーキは 3,800ウォンで、チーズケーキは 4,300ウォンです。

② ~(으)로

セットで いくらですか。

全部(ぜんぶ)で いくらですか。

全部(ぜんぶ)で 1万(いちまん)ウォンです。

낱말과 표현

ブラウス 블라우스
スカート 스커트, 치마
～ウォン ~원
アメリカーノ 아메리카노
カプチーノ 카푸치노
チョコレートケーキ 초콜릿 케이크
チーズケーキ 치즈 케이크
セット 세트
全部(ぜんぶ) 전부

05 ～ください ~주세요

これ ください。

全部(ぜんぶ) ください。

ブラウスと スカーフを ください。

낱말과 표현

～と ~와/과
スカーフ 스카프
～を ~을/를

톡톡 패턴 Pattern practice

Track 10-03

A 보기와 같이 연습해 봅시다.

보기

A：ブラウスは いくらですか。

B：ブラウスは 3万(さんまん) 5千(ごせん)ウォンです。

ブラウス・35,000ウォン

1 ネックレス・72,000ウォン

2 ワンピース・89,000ウォン

3 サングラス・127,000ウォン

4 ジャケット・145,000ウォン

5 ブーツ・98,000ウォン

6 腕時計(うでどけい)・243,000ウォン

낱말과 표현

ブラウス 블라우스
ネックレス 목걸이
ワンピース 원피스
サングラス 선글라스
ジャケット 재킷
ブーツ 부츠
腕時計(うでどけい) 손목시계

トクトク 톡톡 패턴

Track 10-04

B

보기

A：コーヒーは いくらですか。

B：アメリカーノは 2,500ウォンで、

カプチーノは 3,500ウォンです。

コーヒー：アメリカーノ 2,500ウォン,
カプチーノ 3,500ウォン

1 ジュース：オレンジジュース 2,000ウォン,
いちごジュース 3,000ウォン

2 ケーキ：チーズケーキ 4,300ウォン,
チョコレートケーキ 3,800ウォン

3 アクセサリー：ネックレス 98,000ウォン,
イヤリング 78,000ウォン

4 ハンバーガー：チーズバーガー 2,500ウォン,
てりやきバーガー 4,000ウォン

낱말과 표현

コーヒー 커피	いちご 딸기	ネックレス 목걸이
アメリカーノ 아메리카노	ケーキ 케이크	イヤリング 이어링, 귀걸이
カプチーノ 카푸치노	チーズ 치즈	ハンバーガー 햄버거
ジュース 주스	チョコレート 초콜릿	てりやきバーガー 불고기버거
オレンジ 오렌지	アクセサリー 액세서리	

Pattern practice

Track 10-05

C

보기

A：コーヒーと ケーキ ください。
全部(ぜんぶ)で いくらですか。

B：コーヒーは 3,500ウォンで、ケーキは
4,500ウォンです。全部(ぜんぶ)で 8,000ウォンです。

コーヒー 3,500ウォン,
ケーキ 4,500ウォン

1 ハンバーガー 3,000ウォン,
コーラ 1,500ウォン

2 ワンピース 60,000ウォン,
スカーフ 29,000ウォン

3 ネックレス 98,000ウォン,
イヤリング 78,000ウォン

4 パスタ 9,800ウォン,
ジュース 3,500ウォン

낱말과 표현

ワンピース 원피스
スカーフ 스카프
ネックレス 목걸이
イヤリング 이어링, 귀걸이
パスタ 파스타

トクトク 톡톡 체크 Check

어휘·문법

①~④중에서 가장 알맞은 것을 골라 O표 하세요.

1 これは 5千円(ごせんえん)＿★＿、あれは 8千円(はっせんえん)です。

① が　② の　③ で　④ も

2 ブラウスは 1(いち)＿★＿、3万(さんまん)ウォンです。

① 本(ほん)　② 枚(まい)　③ 台(だい)　④ 匹(ひき)

3 全部(ぜんぶ)＿★＿ いくらですか。

① は　② から　③ の　④ で

청취

Track 10-06

잘 듣고 ①~④중에서 질문의 답으로 가장 알맞은 것을 골라 O표 하세요.

1 ブラウスは いくらですか。

① 30,000ウォン　② 40,000ウォン

③ 35,000ウォン　④ 45,000ウォン

2 ネックレスと イヤリング、全部(ぜんぶ)で いくらですか。

① 13,000円(えん)　② 15,000円(えん)　③ 23,000円(えん)　④ 28,000円(えん)

3 チーズケーキは 二(ふた)つで いくらですか。

① 300円(えん)　② 400円(えん)　③ 600円(えん)　④ 1,000円(えん)

톡톡 펜맨십

Kanji & Katakana

한자

いちば 市場 시장	いちば 市場	いちば 市場		
ぜんぶ 全部 전부	ぜんぶ 全部	ぜんぶ 全部		
てんいん 店員 점원	てんいん 店員	てんいん 店員		
なんまい 何枚 몇 장	なんまい 何枚	なんまい 何枚		
なんだい 何台 몇 대	なんだい 何台	なんだい 何台		

가타카나

スカーフ 스카프	スカーフ	
ブラウス 블라우스	ブラウス	
スカート 스커트, 치마	スカート	
ワンピース 원피스	ワンピース	

얼마예요?

Track 10-07

보기

그림을 보면서 다음과 같이 이야기해 보세요.

A：ブーツは いくらですか。

B：120, 000ウォンです。

- ファッションリーダー、美香(みか)の ホットアイテム 패션리더, 미카의 핫아이템

₩60,000

ワンピース
원피스

スカーフ
스카프

サングラス
선글라스

トートバッグ
토트백

ショルダーバッグ
숄더백

ジャケット
재킷

톡톡 어휘

コート
코트

ブラウス
블라우스

ティーシャツ
티셔츠

カーディガン
가디건

スカート
스커트, 치마

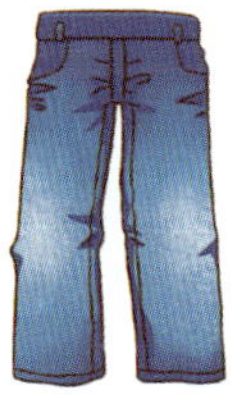

ジーンズ
진

スーツ
슈트, 정장

セーター
스웨터

トレーナー
맨투맨티셔츠

부록

톡톡 회화 해석
톡톡 패턴 정답
톡톡 체크 정답 및 청취 스크립트
톡톡 문법 색인(오십음도 순)

부록 톡톡 회화 해석

unit 03 はじめまして。 처음 뵙겠습니다._45쪽

준수 : 나카무라 씨, 이쪽은 신입생인 왕 씨입니다.
아려 : 처음 뵙겠습니다. 왕 아려입니다.
잘 부탁드립니다.
미카 : 처음 뵙겠습니다. 나카무라 미카입니다.
저(이쪽이)야말로 잘 부탁합니다.
왕 씨는 중국인입니까?
아려 : 네, 그렇습니다.
저, 실례합니다만, 나카무라 씨는 이 선배의 애인입니까?
미카 : 네? 아니요, 애인이 아닙니다. 친구입니다.

unit 04 この スマートフォンは だれのですか。 이 스마트폰은 누구의 것입니까? _57쪽

준수 : 이것은 누구의 휴대전화입니까?
미카 : 그것은 제 것입니다.
준수 : 최신형 스마트폰이군요. 이것은 무슨 앱입니까?
미카 : 쇼핑 앱입니다.
준수 : 나카무라 씨의 전화번호는 몇 번입니까?
미카 : 010-5423-9867입니다.
이 씨의 전화번호는요?
준수 : 010-9724-3568입니다.

unit 05 今(いま) 何時(なんじ)ですか。 지금 몇 시입니까? _69쪽

미카 : 뮤지컬은 몇 시부터입니까?
준수 : 오후 7시부터입니다.
미카 : 지금 몇 시입니까?
준수 : 6시 정각입니다.
미카 : 그럼, 6시 30분까지 커피라도 어때요?
준수 : 좋네요.

unit 06 お誕生日は いつですか。 생일은 언제입니까? _81쪽

아려 : 실례합니다만, 나카무라 씨는 이 선배와 동갑입니까?

미카 : 아니요, 저는 1988년생. 그보다 한 살 위입니다.

아려 : 연상의 친구입니까?

미카 : 그렇습니다. 하지만 생일은 같은 날이에요.

아려 : 네? 거짓말! 정말입니까?

미카 : 정말입니다.
4월 20일, 이번 주 토요일이 저와 준수 씨의 생일입니다.

아려 : 생일 축하드립니다.
이 선배와 같은 생일입니까? 좋겠다.

unit 07 本当に かっこいいですね。 정말 멋있네요. _95쪽

아려 : 이 선배, 정말 멋있네요.
자상하고 머리도 좋고…….

미카 : 재미있고 키도 키고.

아려 : 정말 꽃미남이에요.
그런 이 선배의 이상형은…….

미카 : 어쩌면 제가 이상형?

아려 : 네? 미카 씨와 이 선배는 친구 아니에요?

미카 : 농담, 농담. 왕 씨, 파이팅!

unit 08 どんな 人が 好きですか。 어떤 사람을 좋아하세요? _109쪽

아려 : 선배, 선배는 어떤 음악을 좋아합니까?

준수 : 조용한 음악을 좋아해.
클래식이라든가 발라드라든가.

아려 : 그렇습니까? 그럼, 여자는…… 어떤 사람을 좋아합니까?

준수 : 건강하고 성실하고…….

아려 : 얼굴이나 스타일도 중요합니까?

준수 : 하하하, 물론.
남자는 모두 날씬하고 예쁜 사람을 좋아해.

아려 : 역시……. 남자는 모두 똑같네요.

unit 09 世界で 一番 すてきな 人です。 세상에서 제일 멋진 사람이에요. _123쪽

미카 : 이 씨는 귀여운 사람과 예쁜 사람과 어느 쪽을 좋아합니까?

준수 : 저는 귀엽고 예쁜 사람을 좋아합니다.

미카 : 역시. 남자는 모두 똑같네요.

준수 : 나카무라 씨는 이병헌과 현빈의 열성적인 팬이죠?
이병헌과 현빈과 어느 쪽을 좋아합니까?

미카 : 둘 다 매우 좋아합니다. 하지만 왕 씨에게 있어서는 준수 씨가 이병헌이고 현빈이에요.

준수 : 아, 그렇습니까?

미카 : 네, 왕 씨에게 있어서는 이 씨가 세상에서 가장 멋진 사람이에요.

unit 10 この ブラウスは いくらですか。 이 블라우스는 얼마예요? _135쪽

미카 : 와~, 여기가 유명한 동대문 시장이군요.
싸고 귀여운 물건이 가득.

점원 : 어서 오십시오.

미카 : 이 블라우스는 얼마입니까?

점원 : 3만 원입니다. 이 스커트도 어떻습니까?
블라우스가 3만 원이고, 스커트는 2만 8천 원입니다.
세트로는 5만 5천 원입니다.

미카 : 그럼, 세트로 부탁합니다.
그리고 이 스카프도 한 장 주세요. 전부 해서 얼마입니까?

점원 : 전부 해서 7만 원입니다. 감사합니다.

부록 톡톡 패턴 정답

unit03 톡톡 패턴 A_본 책 49쪽

1 はじめまして。私(わたし)は 山田(やまだ)です。
医者(いしゃ)です。どうぞ よろしく お願(ねが)いします。

2 はじめまして。私(わたし)は 吉本(よしもと)です。
小説家(しょうせつか)です。どうぞ よろしく お願(ねが)いします。

3 はじめまして。私(わたし)は 木村(きむら)です。
歌手(かしゅ)です。どうぞ よろしく お願(ねが)いします。

4 はじめまして。私(わたし)は 鈴木(すずき)です。
美容師(びようし)です。どうぞ よろしく お願(ねが)いします。

5 はじめまして。私(わたし)は 佐藤(さとう)です。
銀行員(ぎんこういん)です。どうぞ よろしく お願(ねが)いします。

6 はじめまして。私(わたし)は ジャン・ミンミンです。
留学生(りゅうがくせい)です。どうぞ よろしく お願(ねが)いします。

unit03 톡톡 패턴 B_본 책 50쪽

1 B: はい、そうです。

2 B: いいえ、中国人(ちゅうごくじん)では ありません。
(=中国人(ちゅうごくじん)じゃ ありません。)

3 B: はい、そうです。

4 B: いいえ、イタリア人(じん)では ありません。
(=イタリア人(じん)じゃ ありません。)

unit03 톡톡 패턴 C_본 책 51쪽

1 B: はい、彼(かれ)は 医者(いしゃ)です。

2 B: はい、彼女(かのじょ)は 歌手(かしゅ)です。

3 B: いいえ、キムさんは 運転手(うんてんしゅ)では ありません。
(=運転手(うんてんしゅ)じゃ ありません。)

4 B: いいえ、中村(なかむら)さんは モデルでは ありません。
(=モデルじゃ ありません。)

unit04 톡톡 패턴 A_본 책 60쪽

1 B: それは 本(ほん)です。

2 B: それは かさです。

3 B: これは 新聞(しんぶん)です。

4 B: これは めがねです。

unit04 톡톡 패턴 B_본 책 61쪽

1 B: それは 先生(せんせい)のです。

2 B: それは 中村(なかむら)さんのです。

3 B: これは イ・ジュンスさんのです。

4 B: これは マ・ユナさんのです。

부록 톡톡 패턴 정답

unit04 톡톡 패턴 C_본 책 62쪽

1 B: ファッションの 雑誌です。

2 B: 日本語の 本です。

3 B: 旅行の サイトです。

4 B: 英語の 授業です。

unit04 톡톡 패턴 D_본 책 63쪽

1 B: 02-384-1620です。

2 B: 032-798-7042です。

3 B: 02-3290-3698です。

4 B: 02-537-1684です。

unit05 톡톡 패턴 A_본 책 73쪽

1 B: ２時 １０分です。

2 B: ４時 ２０分です。

3 B: ７時 ３５分です。

4 B: ９時 ４８分です。

5 B: １０時 ５０分です。

6 B: １２時 ３０分です。

unit05 톡톡 패턴 B_본 책 74쪽

1 B: 午前９時から 午後６時までです。

2 B: 午前９時 ３０分から 午後８時までです。

3 B: 午前１１時から 午後１０時３０分までです。

4 B: 午前９時から ９時５０分までです。

unit05 톡톡 패턴 C_본 책 75쪽

1 A: お茶でも どうですか。

2 A: 食事でも どうですか。

3 A: ドライブでも どうですか。

4 A: ビールでも どうですか。

5 A: 映画でも どうですか。

6 A: 散歩でも どうですか。

unit06 톡톡 패턴 A_본 책 87쪽

1 A: ワン・アリョさんの お誕生日は いつですか。
B: ６月 ８日です。

2 A: 鈴木さんの お誕生日は いつですか。
B: ７月 ３１日です。

3 A: 遠藤さんの お誕生日は いつですか。
B: １１月 １日です。

4 A: 橋本さんの お誕生日は いつですか。

B: 9月 5日です。

5 A: 田中さんの お誕生日は いつですか。

B: 3月14日です。

6 A: キム·ジュウォンさんの お誕生日は いつですか。

B: 12月 10日です。

unit06 톡톡 패턴 B_본 책 88쪽

1 B: 3月 2日 水曜日です。

2 B: 4月 7日 木曜日です。

3 B: 5月 9日 月曜日です。

4 B: 6月 24日 金曜日です。

5 B: 8月 6日 土曜日です。

6 B: 10月 4日 火曜日です。

unit06 톡톡 패턴 C_본 책 89쪽

1 A: テストは いつから いつまでですか。

B: テストは 4月 19日から 4月 23日までです。

2 A: 雪祭りは いつから いつまでですか。

B: 雪祭りは 2月 7日から 2月 13日までです。

3 A: コンサートは いつから いつまでですか。

B: コンサートは 3月 20日から 4月 10日までです。

4 A: ミュージカル公演は いつから いつまでですか。

B: ミュージカル公演は 2月 14日から 5月 29日までです。

5 A: 夏休みは いつから いつまでですか。

B: 夏休みは 7月 10日から 8月 30日までです。

6 A: 冬休みは いつから いつまでですか。

B: 冬休みは 12月 10日から 2月 28日までです。

unit07 톡톡 패턴 A_본 책 101쪽

1 A: 教室は 広いですか。

B: いいえ、広く ないです。

(=広く ありません。)

2 A: 今日は 寒いですか。

B: いいえ、寒く ないです。

(=寒く ありません。)

3 A: 日本語は 難しいですか。

B: いいえ、難しく ないです。

(=難しく ありません。)

4 A: 漢字は 易しいですか。

B: いいえ、易しく ないです。

(=易しく ありません。)

5 A: スカートは 長いですか。

B: いいえ、長く ないです。

(=長く ありません。)

6 A: 駅は 近いですか。

B: いいえ、近く ないです。

(=近く ありません。)

unit07 톡톡 패턴 B_본 책 102쪽

1 A: この 冬は とても 寒いですね。

B: そうですね。寒い 冬ですね。

2 A: この キムチは とても 辛いですね。

B: そうですね。辛い キムチですね。

3 A: あの 会社は とても 大きいですね。

B: そうですね。大きい 会社ですね。

4 A: この 車は とても 新しいですね。

B: そうですね。新しい 車ですね。

unit07 톡톡 패턴 C_본 책 103쪽

1 A: どんな かばんですか。

B: 大きくて 高い かばんです。

2 A: どんな キムチですか。

B: 辛くて おいしい キムチです。

3 A: どんな スマートフォンですか。

B: 新しくて 安い スマートフォンです。

4 A: どんな 部屋ですか。

B: 明るくて 広い 部屋です。

unit08 톡톡 패턴 A_본 책 115쪽

1 A: 街は 静かですか。

B: いいえ、静かじゃ ないです。

(=静かじゃ ありません。)

2 A: ワンさんは スリムですか。

B: いいえ、スリムじゃ ないです。

(=スリムじゃ ありません。)

3 A: 問題は 簡単ですか。

B: いいえ、簡単じゃ ないです。

(=簡単じゃ ありません。)

4 A: 学生は 真面目ですか。

B: いいえ、真面目じゃ ないです。

(=真面目じゃ ありません。)

5 A: 子供は 元気ですか。

B: いいえ、元気じゃ ないです。

(=元気じゃ ありません。)

6 A: 店員は 親切ですか。

B: いいえ、親切じゃ ないです。

(=親切じゃ ありません。)

unit08 톡톡 패턴 B_본 책 116쪽

1 A: あの 先輩は ハンサムですね。

B: そうですね。ハンサムな 先輩ですね。

2 A: あの 人は 真面目ですね。

B: そうですね。真面目な 人ですね。

3 A: この 人(ひと)は クールですね。

B: そうですね。クールな 人(ひと)ですね。

4 A: あの 歌手(かしゅ)は 有名(ゆうめい)ですね。

B: そうですね。有名(ゆうめい)な 歌手(かしゅ)ですね。

unit08 톡톡 패턴 C_본 책 117쪽

1 A: どんな レストランですか。

B: きれいで 親切(しんせつ)な レストランです。

2 A: どんな 子供(こども)ですか。

B: 元気(げんき)で 丈夫(じょうぶ)な 子供(こども)です。

3 A: どんな スマートフォンですか。

B: 簡単(かんたん)で 便利(べんり)な スマートフォンです。

4 A: どんな 車(くるま)ですか。

B: 楽(らく)で 静(しず)かな 車(くるま)です。

unit09 톡톡 패턴 A_본 책 127쪽

1 A: 東京(とうきょう)と 京都(きょうと)と どちらが 好(す)きですか。

B: 예 東京(とうきょう)の 方(ほう)が 好(す)きです。

예 京都(きょうと)の 方(ほう)が 好(す)きです。

2 A: ヨガと ジョギングと どちらが 好(す)きですか。

B: 예 ヨガの 方(ほう)が 好(す)きです。

예 ジョギングの 方(ほう)が 好(す)きです。

3 A: 犬(いぬ)と 猫(ねこ)と どちらが 好(す)きですか。

B: 예 犬(いぬ)の 方(ほう)が 好(す)きです。

예 猫(ねこ)の 方(ほう)が 好(す)きです。

4 A: 山(やま)と 海(うみ)と どちらが 好(す)きですか。

B: 예 山(やま)の 方(ほう)が 好(す)きです。

예 海(うみ)の 方(ほう)が 好(す)きです。

5 A: 白(しろ)と 黒(くろ)と どちらが 好(す)きですか。

B: 예 白(しろ)の 方(ほう)が 好(す)きです。

예 黒(くろ)の 方(ほう)が 好(す)きです。

6 A: アメリカーノと キャラメル マキアートと どちらが 好(す)きですか。

B: 예 アメリカーノの 方(ほう)が 好(す)きです。

예 キャラメル マキアートの 方(ほう)が 好(す)きです。

unit09 톡톡 패턴 B_본 책 128쪽

1 A: バナナと パイナップルと オレンジの 中(なか)で どれが 一番(いちばん) 好(す)きですか。

B: 예 バナナが 一番(いちばん) 好(す)きです。

예 パイナップルが 一番(いちばん) 好(す)きです。

예 オレンジが 一番(いちばん) 好(す)きです。

2 A: 焼酎(しょうちゅう)と ワインと ビールの 中(なか)で どれが 一番(いちばん) 好(す)きですか。

B: 예 焼酎(しょうちゅう)が 一番(いちばん) 好(す)きです。

예 ワインが 一番(いちばん) 好(す)きです。

예 ビールが 一番(いちばん) 好(す)きです。

3 A: サッカーと 野球(やきゅう)と 水泳(すいえい)の 中(なか)で どれが 一番(いちばん) 好(す)きですか。

B: 예 サッカーが 一番(いちばん) 好(す)きです。

예 野球(やきゅう)が 一番(いちばん) 好(す)きです。

예 水泳(すいえい)が 一番(いちばん) 好(す)きです。

4 A: ネックレスと イヤリングと 指輪の 中で どれが 一番 好きですか。

B: 예 ネックレスが 一番 好きです。

예 イヤリングが 一番 好きです。

예 指輪が 一番 好きです。

unit09 톡톡 패턴 C_본 책 129쪽

1 A: 動物の 中で 何が 一番 好きですか。

B: 예 象が 一番 好きです。

예 鹿が 一番 好きです。

예 パンダが 一番 好きです。

2 A: 飲み物の 中で 何が 一番 好きですか。

B: 예 コーヒーが 一番 好きです。

예 コーラが 一番 好きです。

예 ジュースが 一番 好きです。

3 A: 料理の 中で 何が 一番 好きですか。

B: 예 エビフライが 一番 好きです。

예 すしが 一番 好きです。

예 ラーメンが 一番 好きです。

4 A: スポーツの 中で 何が 一番 好きですか。

B: 예 野球が 一番 好きです。

예 バスケットボールが 一番 好きです。

예 サッカーが 一番 好きです。

unit10 톡톡 패턴 A_본 책 141쪽

1 A: ネックレスは いくらですか。

B: ネックレスは 7万2千ウォンです。

2 A: ワンピースは いくらですか。

B: ワンピースは 8万9千ウォンです。

3 A: サングラスは いくらですか。

B: サングラスは 12万7千ウォンです。

4 A: ジャケットは いくらですか。

B: ジャケットは 14万5千ウォンです。

5 A: ブーツは いくらですか。

B: ブーツは 9万8千ウォンです。

6 A: 腕時計は いくらですか。

B: 腕時計は 24万3千ウォンです。

unit10 톡톡 패턴 B_본 책 142쪽

1 A: ジュースは いくらですか。

B: オレンジジュースは 2,000ウォンで、
いちごジュースは 3,000ウォンです。

2 A: ケーキは いくらですか。

B: チーズケーキは 4,300ウォンで、
チョコレートケーキは 3,800ウォンです。

3 A: アクセサリーは いくらですか。

B: ネックレスは 98,000ウォンで、
イヤリングは 78,000ウォンです。

4 A: ハンバーガーは いくらですか。

B: チーズバーガーは 2,500ウォンで、

てりやきバーガーは 4,000ウォンです。

unit10 톡톡 패턴 C_본책 143쪽

1 A: ハンバーガーと コーラ ください。

全部で いくらですか。

B: ハンバーガーは 3,000ウォンで、

コーラは 1,500ウォンです。

全部で 4,500ウォンです。

2 A: ワンピースと スカーフ ください。

全部で いくらですか。

B: ワンピースは 60,000ウォンで、

スカーフは 29,000ウォンです。

全部で 89,000ウォンです。

3 A: ネックレスと イヤリング ください。

全部で いくらですか。

B: ネックレスは 98,000ウォンで、

イヤリングは 78,000ウォンです。

全部で 176,000ウォンです。

4 A: パスタと ジュース ください。

全部で いくらですか。

B: パスタは 9,800ウォンで、

ジュースは 3,500ウォンです。

全部で 13,300ウォンです。

부록 톡톡 체크 정답 및 청취 스크립트

unit 01 히라가나(ひらがな)와 발음 익히기

정답_본 책 29쪽

1 ③　2 ③　3 ④　4 ④　5 ③

청취 스크립트

1 ねこ 고양이
2 かぎ 열쇠
3 ちゅうもん 주문
4 けっせき 결석
5 おおきい 크다

unit 02 가타카나(カタカナ)와 발음 익히기

정답_본 책 42쪽

1 ②　2 ④　3 ②　4 ①　5 ②

청취 스크립트

1 ソウル 서울
2 スキー 스키
3 メッセージ 메시지
4 ショップ 가게(숍)
5 スマートフォン 스마트폰

unit 03 はじめまして。 처음 뵙겠습니다.

정답_본 책 52쪽

어휘 · 문법　1 ④　2 ③　3 ②
청취　1 ③　2 ②　3 ④

청취 스크립트

1 はじめまして。私は イ・ジュンスです。学生です。どうぞ よろしく お願いします。

2 はじめまして。私は ワン・アリョです。中国人です。私は 新入生です。どうぞ よろしく お願いします。

3 はじめまして。私は 中村美香です。会社員です。どうぞ よろしく お願いします。

1 처음 뵙겠습니다. 저는 이준수입니다.
학생입니다. 잘 부탁합니다.

2 처음 뵙겠습니다. 저는 왕아려입니다.
중국인입니다. 저는 신입생입니다.
잘 부탁합니다.

3 처음 뵙겠습니다. 저는 나카무라 미카입니다.
회사원입니다. 잘 부탁합니다.

unit 04 この スマートフォンは だれのですか。 이 스마트폰은 누구의 것입니까?

정답_본 책 64쪽

어휘 · 문법　1 ①　2 ①　3 ③
청취　1 ③　2 ②　3 ②

청취 스크립트

1 A:この スマートフォンは 中村さんのですか。
B:いいえ、私のじゃ ありません。
A:だれの ですか。
B:ワンさんのです。

2 A:あの 本は だれのですか。
B:先生のじゃ ありませんか。
A:いいえ、先生の 本は これです。
B:あ～、あれは 山田さんの 本です。

3 A:その ノートパソコンは イさんのですか。
B:いいえ、僕のじゃ ありません。中村さんのです。

1 A : 이 스마트폰은 나카무라 씨의 것입니까?
B : 아니요, 제 것이 아닙니다.
A : 누구의 것입니까?
B : 왕 씨의 것입니다.

2 A : 저 책은 누구의 것입니까?
B : 선생님의 것이 아닙니까?
A : 아니요, 선생님의 책은 이것입니다.
B : 아~, 저것은 야마다 씨의 책입니다.

3 A : 그 노트북은 이 씨의 것입니까?
B : 아니요, 제 것이 아닙니다. 나카무라 씨의 것입니다.

unit 05 今 何時ですか。
지금 몇 시입니까?

정답 _본 책 76쪽

어휘 · 문법	1 ①	2 ④	3 ②
청취	1 ①	2 ②	3 ②

청취 스크립트

1 A:すみません。授業は 何時から 何時までですか。
B:授業は 8時から 11時半までです。

2 A:すみません。ミュージカルは 何時から 何時までですか。
B:ミュージカルは 午後5時から 7時までです。

3 A:すみません。デパートは 何時から 何時までですか。
B:デパートは 午前10時半から 午後8時半までです。

1 A : 실례합니다. 수업은 몇 시부터 몇 시까지입니까?
B : 수업은 8시부터 11시 반까지입니다.

2 A : 실례합니다.
뮤지컬은 몇 시부터 몇 시까지입니까?
B : 뮤지컬은 오후 5시부터 7시까지입니다.

3 A : 실례합니다.
백화점은 몇 시부터 몇 시까지입니까?
B : 백화점은 오전 10시 반부터 오후 8시 반까지입니다.

unit 06 お誕生日は いつですか。
생일은 언제입니까?

정답 _본 책 90쪽

어휘 · 문법	1 ②	2 ③	3 ①
청취	1 ③	2 ④	3 ④

청취 스크립트

1 A:木村さんの 誕生日は いつですか。
B:11月 13日です。キムさんは いつですか。
A:私の 誕生日は 10月 31日です。

2 A:松本(まつもと)さんの 誕生日(たんじょうび)は いつですか。
B:8月(はちがつ) 8日(ようか)です。
A:8月 4日(よっか)ですか。
B:いいえ、8日(ようか)です。
A:あ、すみません。8月(はちがつ) 8日(ようか)ですね。

3 A:今日(きょう)は 9月(くがつ) 19日(じゅうくにち)、明日(あした)は 彼女(かのじょ)の 誕生日(たんじょうび)です。
B:え、誰(だれ)の 誕生日(たんじょうび)ですか。
A:上野(うえの)さんです。9月 20日(はつか)は 上野さんの 誕生日(たんじょうび)です。

1 A : 기무라 씨의 생일은 언제입니까?
B : 11월 13일입니다. 김 씨는 언제입니까?
A : 저의 생일은 10월 31일입니다.

2 A : 마쓰모토 씨의 생일은 언제입니까?
B : 8월 8일입니다.
A : 8월 4일입니까?
B : 아니요, 8일입니다.
A : 아, 죄송합니다. 8월 8일이군요.

3 A : 오늘은 9월 19일, 내일은 그녀의 생일입니다.
B : 네, 누구의 생일입니까?
A : 우에노 씨입니다. 9월 20일은 우에노 씨의 생일입니다.

unit 07 本当に かっこいいですね。
정말 멋있네요.

정답_본 책 104쪽

어휘 · 문법 **1** ③ **2** ④ **3** ③

청취 **1** ② **2** ④ **3** ①

청취 스크립트

1 A:この 店(みせ)の コーヒーは おいしいですね。
B:そうですね。安(やす)くて おいしいですね。
A:あの ケーキは どうですか。
B:ケーキは おいしいです。でも クッキーは おいしく ないです。

2 A:この かばん、かわいいですね。
B:そうですね。小(ちい)さくて かわいいですね。
A:安(やす)いですか。
B:安(やす)く ありません。とても 高(たか)いです。

3 A:山田先生(やまだせんせい)の 授業(じゅぎょう)は とても 面白(おもしろ)いです。
B:そうですね。優(やさ)しくて 明(あか)るい 先生(せんせい)ですね。
A:鈴木(すずき)先生の 授業も 面白(おもしろ)いですか。
B:いいえ、面白(おもしろ)く ありません。でも いい 先生(せんせい)です。

1 A : 이 가게의 커피는 맛있군요.
B : 그러네요. 싸고 맛있네요.
A : 저 케이크는 어떻습니까?
B : 케이크는 맛있습니다. 하지만 쿠키는 맛있지 않습니다. (맛이 없습니다.)

2 A : 이 가방, 귀엽네요.
B : 그러네요. 작고 귀엽네요.
A : 쌉니까?
B : 싸지 않습니다. 굉장히 비쌉니다.

3 A : 야마다 선생님의 수업은 굉장히 재미있습니다.
B : 그러네요. 자상하고(친절하고) 명랑한 선생님이네요.
A : 스즈키 선생님의 수업도 재미있습니까?
B : 아니요, 재미있지 않습니다. 하지만 좋은 선생님입니다.

unit 08 どんな 人が 好きですか。
어떤 사람을 좋아하세요?

정답_본 책 118쪽

어휘 · 문법 1 ② 2 ③ 3 ①

청취 1 ② 2 ② 3 ②

청취 스크립트

1 A:日本語(にほんご)の 先生(せんせい)は 親切(しんせつ)ですか。

B:はい。親切(しんせつ)で 真面目(まじめ)な 先生(せんせい)です。

A:英語(えいご)の 先生(せんせい)も 親切(しんせつ)ですか。

B:はい、親切(しんせつ)で とても ハンサムです。

2 A:この 歌手(かしゅ)、とても スリムですね。

B:そうですね。スタイルが よくて かっこいいです。

A:とても ハンサムで、私(わたし)の タイプです。でも 有名(ゆうめい)じゃ ないです。

3 A:この レストランは 静(しず)かで いいですね。

B:はい。料理(りょうり)も おいしくて 店員(てんいん)も 親切(しんせつ)です。

A:そうですね。でも ちょっと 高(たか)いですね。

1 A : 일본어 선생님은 친절합니까?
B : 네. 친절하고 성실한 선생님입니다.
A : 영어 선생님도 친절합니까?
B : 네, 친절하고 굉장히 멋있습니다.

2 A : 이 가수, 굉장히 날씬하네요.
B : 그렇네요. 스타일이 좋고 멋있습니다.
A : 굉장히 멋있어서, 제 이상형입니다. 하지만 유명하지 않습니다.

3 A : 이 레스토랑은 조용해서 좋군요.
B : 네. 요리도 맛있고 점원도 친절합니다.
A : 그렇네요. 하지만 조금 비싸네요.

unit 09 世界で 一番 すてきな 人です。
세상에서 제일 멋진 사람이에요.

정답_본 책 130쪽

어휘 · 문법 1 ④ 2 ③ 3 ②

청취 1 ④ 2 ④ 3 ④

청취 스크립트

1 A:ワンさんは 犬(いぬ)と 猫(ねこ)と どちらが 好(す)きですか。

B:犬(いぬ)の 方(ほう)が 好(す)きです。

A:じゃ、大(おお)きい 犬(いぬ)と 小(ちい)さい 犬(いぬ)と どちらが 好(す)きですか。

B:小(ちい)さい 犬(いぬ)の 方(ほう)が かわいくて 好(す)きです。

2 A:イさんは スキーと サッカーと どちらが 好(す)きですか。

B:サッカーの 方(ほう)が 好(す)きです。鈴木(すずき)さんは サッカーと 水泳(すいえい)と どちらが 好(す)きですか。

A:水泳(すいえい)の 方(ほう)が 好(す)きです。イさんは 水泳(すいえい)が 好(す)きですか。

B:いいえ、好(す)きじゃ ありません。

3 A:山田(やまだ)さんは 飲(の)み物(もの)の 中(なか)で 何(なに)が 一番(いちばん) 好(す)きですか。

B:ジュースが 一番(いちばん) 好(す)きです。

A:じゃ、どんな ジュースが 一番(いちばん) 好(す)きですか。

B:りんごも オレンジも 好(す)きです。パイナップルジュースも おいしいです。でも 私(わたし)は バナナジュースが 一番(いちばん) 好(す)きです。

1 A : 왕 씨는 개와 고양이와 어느 쪽을 좋아합니까?
B : 개 쪽을 좋아합니다.
A : 그럼, 큰 개와 작은 개와 어느 쪽을 좋아합니까?
B : 작은 개 쪽이 귀여워서 좋습니다.

2 A : 이 씨는 스키와 축구와 어느 쪽을 좋아합니까?
B : 축구 쪽을 좋아합니다. 스즈키 씨는 축구와 수영과 어느 쪽을 좋아합니까?
A : 수영 쪽이 좋습니다. 이 씨는 수영을 좋아합니까?
B : 아니요, 좋아하지 않습니다.

3 A : 야마다 씨는 음료 중에 무엇을 가장 좋아합니까?
B : 주스를 가장 좋아합니다.
A : 그럼, 어떤 주스를 가장 좋아합니까?
B : 사과도 오렌지도 좋아합니다. 파인애플 주스도 맛있습니다.
하지만 저는 바나나 주스를 가장 좋아합니다.

unit 10 このブラウスはいくらですか。
이 블라우스는 얼마예요?

정답_본 책 144쪽

어휘 · 문법	1 ③	2 ②	3 ④
청취	1 ②	2 ③	3 ③

청취 스크립트

1 A:いらっしゃいませ。
B:わあ～、かわいいのが いっぱい。この ブラウスは いくらですか。
A:それは 40,000ウォンです。
B:じゃ、あの スカートは いくらですか。
A:あれは 35,000ウォンです。

2 A:いらっしゃいませ。
B:わあ～、きれいな アクセサリーが いっぱい。すみません。この ネックレスは いくらですか。
A:それは 15,000円です。
B:じゃ、この イヤリングは いくらですか。
A:その イヤリングは 8,000円です。
B:じゃ、この ネックレスと イヤリングを ください。
A:はい。全部で 23,000円です。ありがとうございます。

3 A:いらっしゃいませ。
B:ケーキは いくらですか。
A:チーズケーキは 300円で チョコレートケーキは 400円です。
B:チーズケーキ 二つと チョコレートケーキ 一つ ください。
A:はい。全部で 1,000円です。ありがとうございます。

1 A : 어서 오세요.
B : 와~, 귀여운 것이 가득. 이 블라우스는 얼마입니까?
A : 그것은 40,000원입니다.
B : 그럼, 저 스커트는 얼마입니까?
A : 저것은 35,000원입니다.

2 A : 어서 오세요.
B : 와~, 예쁜 액세서리가 가득. 실례합니다. 이 목걸이는 얼마입니까?
A : 그것은 15,000엔입니다.

B : 그럼, 이 귀걸이는 얼마입니까?
A : 그 귀걸이는 8,000엔입니다.
B : 그럼, 이 목걸이와 귀걸이를 주세요.
A : 네. 전부 해서 23,000엔입니다. 감사합니다.

3 A : 어서 오세요.
B : 케이크는 얼마입니까?
A : 치즈 케이크는 300엔이고 초콜릿 케이크는 400엔입니다.
B : 치즈 케이크 2개와 초콜릿 케이크 1개 주세요.
A : 네. 전부 해서 1,000엔입니다. 감사합니다.

부록

톡톡 문법 색인(오십음도 순)

부록

톡톡 문법 색인(오십음도 순)

두근두근 스토리가 있는

일본어뱅크 톡톡 トクトク 도모다찌 워크북

STEP 1

동양북스

unit 01

히라가나(ひらがな)와 발음 익히기

① 히라가나 청음 清音せいおん

あ행 본책 16쪽

DATE : . .

あ

①②③

[a]

あ	あ	あ		

あい
사랑

い

①②

[i]

い	い	い		

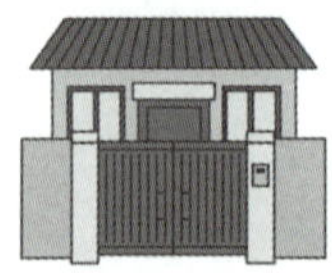

いえ
집

う

①②

[u]

う	う	う		

うえ
위

え

①②

[e]

え	え	え		

え
그림

お

①②③

[o]

お	お	お		

あお
파랑

か행	본 책 16쪽	DATE : . .

か
[ka]

かお
얼굴

き
[ki]

かき
감

く
[ku]

きく
국화

け
[ke]

いけ
연못

こ
[ko]

こい
잉어

① 히라가나 청음 清音せいおん

さ행 본책 17쪽　　DATE :　　.　　.

さ
[sa]

さ	さ	さ		

さけ
술

し
[shi]

し	し	し		

しか
사슴

す
[su]

す	す	す		

すし
초밥

せ
[se]

せ	せ	せ		

せかい
세계

そ
[so]

そ	そ	そ		

すそ
옷자락

た행 본책 17쪽

DATE :   .   .

た
[ta]

た	た	た		

たき
폭포

ち
[chi]

ち	ち	ち		

ちち
아버지

つ
[tsu]

つ	つ	つ		

つき
달

て
[te]

て	て	て		

て
손

と
[to]

と	と	と		

とし
나이

① 히라가나 청음 清音せいおん

な행 본책 18쪽

DATE : . .

な

[na]

な	な	な		

なつ
여름

に

[ni]

に	に	に		

にく
고기

ぬ

[nu]

ぬ	ぬ	ぬ		

いぬ
개

ね

[ne]

ね	ね	ね		

ねこ
고양이

の

[no]

の	の	の		

つの
뿔

は행

본책 18쪽

DATE : . .

は

[ha]

は	は	は		

はな
꽃

ひ

[hi]

ひ	ひ	ひ		

ひと
사람

ふ

[fu]

ふ	ふ	ふ		

ふね
배

へ

[he]

へ	へ	へ		

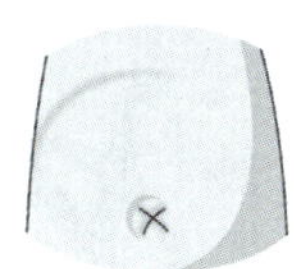

へそ
배꼽

ほ

[ho]

ほ	ほ	ほ		

ほし
별

ま행 본책 19쪽

DATE : . .

ま

[ma]

ま	ま	ま		

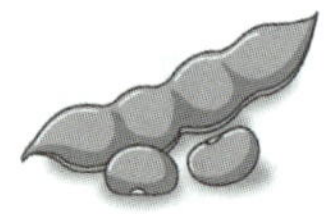

まめ
콩

み

[mi]

み	み	み		

みみ
귀

む

[mu]

む	む	む		

むすめ
딸

め

[me]

め	め	め		

あめ
비

も

[mo]

も	も	も		

もも
복숭아

や행

본책 19쪽

DATE : . .

や

[ya]

や	や	や		

やま
산

ゆ

[yu]

ゆ	ゆ	ゆ		

ゆき
눈

よ

[yo]

よ	よ	よ		

ひよこ
병아리

헷갈리기 쉬운 글자 연습

き	さ	し	も	の	め	ね	め
[ki]	[sa]	[shi]	[mo]	[no]	[me]	[ne]	[me]

① 히라가나 청음 清音せいおん

ら행 본책 20쪽

DATE : . .

ら [ra]

ら	ら	ら		

そら
하늘

り [ri]

り	り	り		

りす
다람쥐

る [ru]

る	る	る		

くるま
자동차

れ [re]

れ	れ	れ		

すみれ
제비꽃

ろ [ro]

ろ	ろ	ろ		

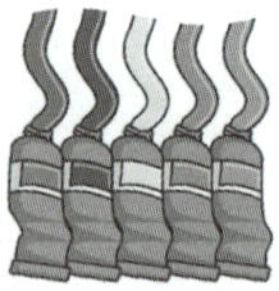

いろ
색

わ행, ん

본책 20쪽

DATE : . .

わ

[wa]

わ わ わ

わたし
나, 저

を

[o]

を を を

を
~을/를

ん

[N]

ん ん ん

きん
금

헷갈리기 쉬운 글자 연습

い	り	ね	わ	は	ほ	る	ろ
[i]	[ri]	[ne]	[wa]	[ha]	[ho]	[ru]	[ro]

② 히라가나 탁음 濁音だくおん

が행 본책 21쪽 DATE : . .

が
[ga]

が が が

かがみ
거울

ぎ
[gi]

ぎ ぎ ぎ

かぎ
열쇠

ぐ
[gu]

ぐ ぐ ぐ

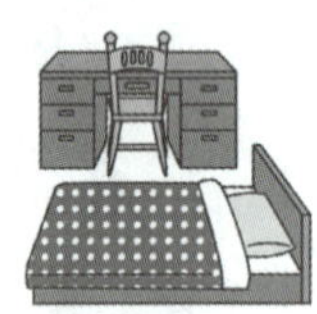

かぐ
가구

げ
[ge]

げ げ げ

ひげ
수염

ご
[go]

ご ご ご

たまご
계란

ざ행 본책 21쪽

DATE : . .

ざ
[za]

ざ	ざ	ざ		

ひざ
무릎

じ
[ji]

じ	じ	じ		

ひじ
팔꿈치

ず
[zu]

ず	ず	ず		

みず
물

ぜ
[ze]

ぜ	ぜ	ぜ		

かぜ
바람

ぞ
[zo]

ぞ	ぞ	ぞ		

かぞく
가족

だ행 본책 22쪽 DATE :　　.　　.

だ [da]

だ	だ	だ		

だいがく
대학교

ぢ [ji]

ぢ	ぢ	ぢ		

はなぢ
코피

づ [zu]

づ	づ	づ		

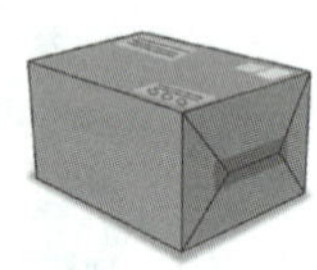

こづつみ
소포

で [de]

で	で	で		

そで
소매

ど [do]

ど	ど	ど		

まど
창문

ば행 본책 22쪽 DATE : . .

ば [ba]

ば ば ば

ばら
장미꽃

び [bi]

び び び

えび
새우

ぶ [bu]

ぶ ぶ ぶ

ぶた
돼지

べ [be]

べ べ べ

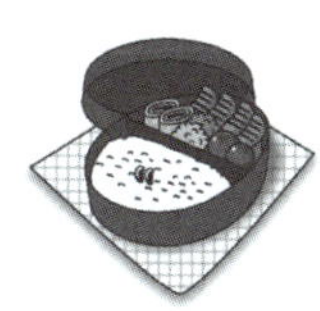

べんとう
도시락

ぼ [bo]

ぼ ぼ ぼ

つぼ
단지

③ 히라가나 반탁음 半濁音はんだくおん

ぱ행 본 책 23쪽 DATE : . .

ぱ [pa]

ぱ ぱ ぱ

いっぱい
가득

ぴ [pi]

ぴ ぴ ぴ

ぴかぴか
반짝반짝

ぷ [pu]

ぷ ぷ ぷ

ぷくぷく
뒤룩뒤룩

ぺ [pe]

ぺ ぺ ぺ

ぺらぺら
술술

ぽ [po]

ぽ ぽ ぽ

ぽかぽか
포근포근

④ 히라가나 요음 拗音ようおん

きゃ행 본 책 24쪽

DATE : . .

きゃ [kya]	きゃ				おきゃく 손님
きゅ [kyu]	きゅ				きゅうり 오이
きょ [kyo]	きょ				きょり 거리

ぎゃ행 본 책 24쪽

ぎゃ [gya]	ぎゃ				ぎゃく 반대
ぎゅ [gyu]	ぎゅ				ぎゅうにゅう 우유
ぎょ [gyo]	ぎょ				きんぎょ 금붕어

④ 히라가나 요음 拗音ようおん

しゃ행 본책 24쪽

DATE : . .

しゃ [sha] しゃ — しゃしん 사진

しゅ [shu] しゅ — しゅじん 남편

しょ [sho] しょ — しょみん 서민

じゃ행 본책 24쪽

じゃ [ja] じゃ — じんじゃ 신사

じゅ [ju] じゅ — しんじゅ 진주

じょ [jo] じょ — じょせい 여성

ちゃ행 본책 24쪽

DATE : . .

ちゃ [cha] ちゃ おちゃ 차

ちゅ [chu] ちゅ ちゅうもん 주문

ちょ [cho] ちょ ちょちく 저축

にゃ행 본책 24쪽

にゃ [nya] にゃ こんにゃく 곤약

にゅ [nyu] にゅ にゅういん 입원

にょ [nyo] にょ にょうぼう 마누라

④ 히라가나 요음 拗音ようおん

ひゃ행 본책 25쪽

DATE : . .

ひゃ	ひゃ				ひゃく 백, 100

[hya]

ひゅ	ひゅ				ひゅうひゅう 휙휙

[hyu]

ひょ	ひょ				ひょうじょう 표정

[hyo]

びゃ행 본책 25쪽

びゃ	びゃ				さんびゃく 삼백, 300

[bya]

びゅ	びゅ				びゅうびゅう 윙윙

[byu]

びょ	びょ				びょういん 병원

[byo]

ぴゃ행 본책 25쪽

DATE : . .

ぴゃ [pya] ぴゃ

はっぴゃく
팔백, 800

ぴゅ [pyu] ぴゅ

ぴゅうぴゅう
휙휙

ぴょ [pyo] ぴょ

ぴょんぴょん
깡총깡총

みゃ행 본책 25쪽

みゃ [mya] みゃ

みゃく
맥

みゅ [myu] みゅ

みょ [myo] みょ

びみょう
미묘

④ 히라가나 요음 拗音ようおん

りゃ행 본책 25쪽

DATE : . .

りゃ
[rya]
りゃ
りゃくじ
약자

りゅ
[ryu]
りゅ
りゅうがく
유학

りょ
[ryo]
りょ
りょうり
요리

⑤ 히라가나 촉음 促音そくおん

본책 26쪽

がっき
がっき
악기

きっさてん
きっさてん
찻집

いったい
いったい
도대체

いっぱい
いっぱい
가득

unit 02

가타카나(カタカナ)와 발음 익히기

① 가타카나 청음 清音せいおん

ア행 본책 32쪽

DATE : . .

ア [a]

ア ア ア

アイス
아이스

イ [i]

イ イ イ

イタリア
이탈리아

ウ [u]

ウ ウ ウ

ソウル
서울

エ [e]

エ エ エ

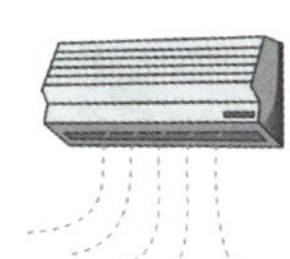

エアコン
에어컨

オ [o]

オ オ オ

オートバイ
오토바이

① 가타카나 청음 清音せいおん

カ행 본책 32쪽

DATE : . .

カ
[ka]

カ	カ	カ		

カメラ
카메라

キ
[ki]

キ	キ	キ		

スキー
스키

ク
[ku]

ク	ク	ク		

クッキー
쿠키

ケ
[ke]

ケ	ケ	ケ		

ケーキ
케이크

コ
[ko]

コ	コ	コ		

コート
코트

사행 본책 33쪽

DATE : . .

サ
[sa]

サ	サ	サ		

サラダ
샐러드

シ
[shi]

シ	シ	シ		

シアター
시어터

ス
[su]

ス	ス	ス		

スポーツ
스포츠

セ
[se]

セ	セ	セ		

セット
세트

ソ
[so]

ソ	ソ	ソ		

ソース
소스

① 가타카나 청음 清音せいおん

タ행 본책 33쪽

DATE :   .   .

タ [ta]

タ	タ	タ		

タオル
타월

チ [chi]

チ	チ	チ		

チーズ
치즈

ツ [tsu]

ツ	ツ	ツ		

ツアー
투어

テ [te]

テ	テ	テ		

テレビ
텔레비전

ト [to]

ト	ト	ト		

トマト
토마토

ナ행 본책 34쪽

DATE : . .

ナ [na]

ナ	ナ	ナ		

バナナ
바나나

ニ [ni]

ニ	ニ	ニ		

テニス
테니스

ヌ [nu]

ヌ	ヌ	ヌ		

ヌードル
누들

ネ [ne]

ネ	ネ	ネ		

ネクタイ
넥타이

ノ [no]

ノ	ノ	ノ		

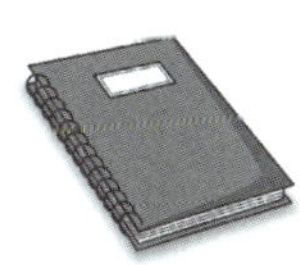

ノート
노트

ハ행 본책 34쪽 DATE : . .

ハ

[ha]

ハ ハ ハ

ハート
하트

ヒ

[hi]

ヒ ヒ ヒ

コーヒー
커피

フ

[fu]

フ フ フ

フランス
프랑스

ヘ

[he]

ヘ ヘ ヘ

ヘア
헤어

ホ

[ho]

ホ ホ ホ

ホテル
호텔

マ행 본책 35쪽

DATE : . .

マ

[ma]

マ	マ	マ		

マスカラ
마스카라

ミ

[mi]

ミ	ミ	ミ		

ミルク
밀크

ム

[mu]

ム	ム	ム		

ゲーム
게임

メ

[me]

メ	メ	メ		

メール
메일

モ

[mo]

モ	モ	モ		

メモ
메모

ヤ행

본책 35쪽

DATE :　　.　　.

ヤ [ya]

タイヤ
타이어

ユ [yu]

ユニフォーム
유니폼

ヨ [yo]

ヨット
요트

헷갈리기 쉬운 글자 연습

ウ	ワ	サ	ナ	ソ	ン	フ	ラ
[u]	[wa]	[sa]	[na]	[so]	[N]	[fu]	[ra]

라행

본책 36쪽

DATE : . .

ラ [ra]

ラ ラ ラ

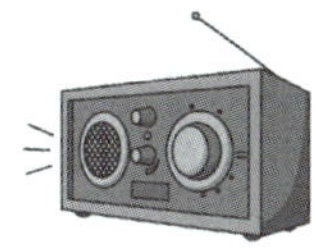

ラジオ
라디오

リ [ri]

リ リ リ

リボン
리본

ル [ru]

ル ル ル

ルビー
루비

レ [re]

レ レ レ

レストラン
레스토랑

ロ [ro]

ロ ロ ロ

メロン
멜론

ワ행, ン

본책 36쪽

DATE : . .

ワ ①② [wa]

ワ	ワ	ワ		

ワイン
와인

ヲ ①②③ [o]

ヲ	ヲ	ヲ		

ン ①② [N]

ン	ン	ン		

ペン
펜

헷갈리기 쉬운 글자 연습

テ	ラ	フ	ラ	レ	ル	サ	ナ
[te]	[ra]	[fu]	[ra]	[re]	[ru]	[sa]	[na]

② 가타카나 탁음 濁音だくおん

ガ행 본 책 37쪽

DATE : . .

ガ

[ga]

ガ	ガ	ガ			

ギ

[gi]

ギ	ギ	ギ			

グ

[gu]

グ	グ	グ			

ゲ

[ge]

ゲ	ゲ	ゲ			

ゴ

[go]

ゴ	ゴ	ゴ			

② 가타카나 탁음 濁音だくおん

ザ행 본 책 37쪽

DATE : . .

ザ
[za]

ザ	ザ	ザ			

ジ
[ji]

ジ	ジ	ジ			

ズ
[zu]

ズ	ズ	ズ			

ゼ
[ze]

ゼ	ゼ	ゼ			

ゾ
[zo]

ゾ	ゾ	ゾ			

ダ행 본책 37쪽

DATE : . .

ダ
[da]

ダ	ダ	ダ			

ヂ
[ji]

ヂ	ヂ	ヂ			

ヅ
[zu]

ヅ	ヅ	ヅ			

デ
[de]

デ	デ	デ			

ド
[do]

ド	ド	ド			

② 가타카나 탁음 濁音だくおん

バ행 본책 37쪽 DATE : . .

バ [ba]

バ	バ	バ			

ビ [bi]

ビ	ビ	ビ			

ブ [bu]

ブ	ブ	ブ			

ベ [be]

ベ	ベ	ベ			

ボ [bo]

ボ	ボ	ボ			

③ 가타카나 반탁음 半濁音はんだくおん

パ행 본 책 38쪽

DATE :　　.　　.

パ
[pa]

パ	パ	パ			

ピ
[pi]

ピ	ピ	ピ			

プ
[pu]

プ	プ	プ			

ペ
[pe]

ペ	ペ	ペ			

ポ
[po]

ポ	ポ	ポ			

④ 가타카나 요음 拗音ようおん

キャ행 본 책 39쪽

DATE : . .

キャ キャ

[kya]

キュ キュ

[kyu]

キョ キョ

[kyo]

ギャ행 본 책 39쪽

ギャ ギャ

[gya]

ギュ ギュ

[gyu]

ギョ ギョ

[gyo]

シャ행

본책 39쪽

DATE : . .

シャ
[sha]

シャ

シュ
[shu]

シュ

ショ
[sho]

ショ

ジャ행

본책 39쪽

ジャ
[ja]

ジャ

ジュ
[ju]

ジュ

ジョ
[jo]

ジョ

④ 가타카나 요음 拗音ようおん

チャ행 본책 39쪽 DATE : . .

チャ	チャ			
[cha]				
チュ	チュ			
[chu]				
チョ	チョ			
[cho]				

ニャ행 본책 39쪽

ニャ	ニャ			
[nya]				
ニュ	ニュ			
[nyu]				
ニョ	ニョ			
[nyo]				

ヒャ행

본 책 39쪽

DATE :   .   .

ヒャ	ヒャ			

[hya]

ヒュ	ヒュ			

[hyu]

ヒョ	ヒョ			

[hyo]

ビャ행

본 책 39쪽

ビャ	ビャ			

[bya]

ビュ	ビュ			

[byu]

ビョ	ビョ			

[byo]

④ 가타카나 요음 拗音ようおん

ピャ행 본책 39쪽

DATE : . .

ピャ [pya]	ピャ			
ピュ [pyu]	ピュ			
ピョ [pyo]	ピョ			

ミャ행 본책 39쪽

ミャ [mya]	ミャ			
ミュ [myu]	ミュ			
ミョ [myo]	ミョ			

リャ행 본 책 39쪽 DATE : . .

リャ	リャ			

[rya]

リュ	リュ			

[ryu]

リョ	リョ			

[ryo]

⑤ 외래어와 특별음 外来語がいらいごと 特別音とくべつおん 본 책 40쪽

ファッション 패션		
ボランティア 봉사		
ウェブ 웹		
スマートフォン 스마트폰		

unit 03 はじめまして。 처음 뵙겠습니다.

unit 03 톡톡 패턴 본 책 49-51쪽

DATE : . .

A

はじめまして。私(わたし)は キム・ソヨンです。

会社員(かいしゃいん)です。どうぞ よろしく お願(ねが)いします。

1 山田(やまだ)·医者(いしゃ) →

2 吉本(よしもと)·小説家(しょうせつか) →

3 木村(きむら)·歌手(かしゅ) →

4 鈴木(すずき)·美容師(びようし) →

5 佐藤(さとう)·銀行員(ぎんこういん) →

6 ジャン·ミンミン→
·留学生(りゅうがくせい)

낱말과 표현

医者(いしゃ) 의사	歌手(かしゅ) 가수	銀行員(ぎんこういん) 은행원
小説家(しょうせつか) 소설가	美容師(びようし) 미용사	留学生(りゅうがくせい) 유학생

DATE :　　.　　.

B

A：韓国人(かんこくじん)ですか。

B：はい、そうです。

いいえ、韓国人(かんこくじん)では ありません。(=韓国人(かんこくじん)じゃ ありません。)

1. 日本人(にほんじん)ですか。(네)

→ B：＿＿＿＿＿＿＿＿＿＿

2. 中国人(ちゅうごくじん)ですか。(아니요)

→ B：＿＿＿＿＿＿＿＿＿＿

3. アメリカ人(じん)ですか。(네)

→ B：＿＿＿＿＿＿＿＿＿＿

4. イタリア人(じん)ですか。(아니요)

→ B：＿＿＿＿＿＿＿＿＿＿

낱말과 표현

韓国人(かんこくじん) 한국인	中国人(ちゅうごくじん) 중국인	イタリア人(じん) 이탈리아인
日本人(にほんじん) 일본인	アメリカ人(じん) 미국인	

DATE :　　.　　.

C

A：彼(かれ)は 会社員(かいしゃいん)ですか。

B：はい、彼(かれ)は 会社員(かいしゃいん)です。

　　いいえ、彼(かれ)は 会社員(かいしゃいん)では ありません。

1 彼(かれ)は 医者(いしゃ)ですか。(네)

→ B：＿＿＿＿＿＿＿＿＿＿＿＿＿＿＿＿

2 彼女(かのじょ)は 歌手(かしゅ)ですか。(네)

→ B：＿＿＿＿＿＿＿＿＿＿＿＿＿＿＿＿

3 キムさんは 運転手(うんてんしゅ)ですか。(아니요)

→ B：＿＿＿＿＿＿＿＿＿＿＿＿＿＿＿＿

4 中村(なかむら)さんは モデルですか。(아니요)

→ B：＿＿＿＿＿＿＿＿＿＿＿＿＿＿＿＿

낱말과 표현

彼(かれ) 그, 그 남자	彼女(かのじょ) 그녀	モデル 모델
会社員(かいしゃいん) 회사원	歌手(かしゅ) 가수	
医者(いしゃ) 의사	運転手(うんてんしゅ) 운전수	

unit 03 톡톡 펜맨십 본 책 53쪽

DATE : . .

한자

がくせい 学生 학생	がくせい 学生	がくせい 学生		
こいびと 恋人 애인	こいびと 恋人	こいびと 恋人		
かいしゃいん 会社員 회사원	かいしゃいん 会社員	かいしゃいん 会社員		
かんこくじん 韓国人 한국인	かんこくじん 韓国人	かんこくじん 韓国人		
にほんじん 日本人 일본인	にほんじん 日本人	にほんじん 日本人		
ちゅうごくじん 中国人 중국인	ちゅうごくじん 中国人	ちゅうごくじん 中国人		

가타카나

モデル 모델	モデル	
アメリカ 미국	アメリカ	
イギリス 영국	イギリス	

unit 04

この スマートフォンは だれのですか。

이 스마트폰은 누구의 것입니까?

unit 04 톡톡 패턴 본 책 60-63쪽

DATE :   .   .

A

A : これは 何(なん)ですか。(スマートフォン)

B : それは スマートフォンです。

1 これは 何(なん)ですか。(本(ほん))

→ B : ______________________

2 これは 何(なん)ですか。(かさ)

→ B : ______________________

3 それは 何(なん)ですか。(新聞(しんぶん))

→ B : ______________________

4 それは 何(なん)ですか。(めがね)

→ B : ______________________

낱말과 표현

本(ほん) 책

新聞(しんぶん) 신문

かさ 우산

めがね 안경

DATE :   .   .

B

A : この 本(ほん)は だれのですか。(私(わたし))

B : それは 私(わたし)のです。

1 この ボールペンは だれのですか。(先生(せんせい))

→ B : ______________________________

2 この 財布(さいふ)は だれのですか。(中村(なかむら)さん)

→ B : ______________________________

3 その ノートパソコンは だれのですか。(イ・ジュンスさん)

→ B : ______________________________

4 その かばんは だれのですか。(マ・ユナさん)

→ B : ______________________________

낱말과 표현

ボールペン 볼펜	ノートパソコン 노트북 컴퓨터
財布(さいふ) 지갑	かばん 가방

DATE : . .

C

A : 何(なん)の アプリですか。(ショッピング・アプリ)

B : ショッピングの アプリです。

1 何(なん)の 雑誌(ざっし)ですか。(ファッション・雑誌(ざっし))

→ B : ____________________

2 何(なん)の 本(ほん)ですか。(日本語(にほんご)・本(ほん))

→ B : ____________________

3 何(なん)の サイトですか。(旅行(りょこう)・サイト)

→ B : ____________________

4 何(なん)の 授業(じゅぎょう)ですか。(英語(えいご)・授業(じゅぎょう))

→ B : ____________________

낱말과 표현

雑誌(ざっし) 잡지	旅行(りょこう) 여행	英語(えいご) 영어
日本語(にほんご) 일본어	サイト 사이트	授業(じゅぎょう) 수업

DATE :　　.　　.

D

A：中村さんの 電話番号は 何番ですか。(010-3542-9867)

B：010－3542－9867です。

1 病院の 電話番号は 何番ですか。(02-384-1620)

→ B：

2 会社の 電話番号は 何番ですか。(032-798-7042)

→ B：

3 学校の 電話番号は 何番ですか。(02-3290-3698)

→ B：

4 銀行の 電話番号は 何番ですか。(02-537-1684)

→ B：

낱말과 표현

病院 병원　　学校 학교
会社 회사　　銀行 은행

unit 04 톡톡 펜맨십 본 책 65쪽

DATE : . .

한자

さいしんがた 最新型 최신형	さいしんがた 最新型	さいしんがた 最新型		
でんわ 電話 전화	でんわ 電話	でんわ 電話		
ばんごう 番号 번호	ばんごう 番号	ばんごう 番号		
なんばん 何番 몇 번	なんばん 何番	なんばん 何番		
せんせい 先生 선생님	せんせい 先生	せんせい 先生		

가타카나

スマートフォン 스마트폰	スマートフォン	
ボールペン 볼펜	ボールペン	
ケータイ 휴대전화	ケータイ	

unit 05

今(いま) 何時(なんじ)ですか。 지금 몇 시입니까?

unit 05 톡톡 패턴 본 책 73–75쪽

DATE :   .   .

A

A : 今(いま) 何時(なんじ)ですか。(5 : 15)

B : 5時(じ) 15分(ふん)です。

1 2 : 10

→ B : ______________________

2 4 : 20

→ B : ______________________

3 7 : 35

→ B : ______________________

4 9 : 48

→ B : ______________________

5 10 : 50

→ B : ______________________

6 12 : 30

→ B : ______________________

낱말과 표현

今(いま) 지금

DATE :　　.　　.

B

A : 銀行(ぎんこう)は 何時(なんじ)から 何時(なんじ)までですか。(AM9 : 00~PM4 : 00)

B : 午前(ごぜん) 9時(じ)から 午後(ごご) 4時(じ)までです。

1 病院(びょういん)は 何時(なんじ)から 何時(なんじ)までですか。(AM9 : 00~PM6 : 00)

→ B : ____________________

2 デパートは 何時(なんじ)から 何時(なんじ)までですか。(AM9 : 30~PM8 : 00)

→ B : ____________________

3 レストランは 何時(なんじ)から 何時(なんじ)までですか。(AM11 : 00~PM10 : 30)

→ B : ____________________

4 授業(じゅぎょう)は 何時(なんじ)から 何時(なんじ)までですか。(AM9 : 00~9 : 50)

→ B : ____________________

낱말과 표현

病院(びょういん) 병원	レストラン 레스토랑
デパート 백화점	授業(じゅぎょう) 수업

DATE :　　.　　.

C

A : コーヒーでも どうですか。(コーヒー)

B : いいですね。

1 お茶(ちゃ)

→ A : ____________________

2 食事(しょくじ)

→ A : ____________________

3 ドライブ

→ A : ____________________

4 ビール

→ A : ____________________

5 映画(えいが)

→ A : ____________________

6 散歩(さんぽ)

→ A : ____________________

낱말과 표현

お茶(ちゃ) 차	ドライブ 드라이브	映画(えいが) 영화
食事(しょくじ) 식사	ビール 맥주	散歩(さんぽ) 산책

unit 05 톡톡 펜맨십 본 책 77쪽

DATE : . .

한자

なんじ 何時 몇 시	なんじ 何時	なんじ 何時		
ごぜん 午前 오전	ごぜん 午前	ごぜん 午前		
ごご 午後 오후	ごご 午後	ごご 午後		
あさ 朝 아침	あさ 朝	あさ 朝		
ひる 昼 점심	ひる 昼	ひる 昼		
よる 夜 밤	よる 夜	よる 夜		

가타카나

コーヒー 커피	コーヒー	
デパート 백화점	デパート	
レストラン 레스토랑	レストラン	

unit 06

お誕生日(たんじょうび)は いつですか。

생일은 언제입니까?

unit 06 톡톡 패턴 본 책 87-89쪽

DATE : . .

A

A : 中村(なかむら)さんの お誕生日(たんじょうび)は いつですか。(中村(なかむら) · 4月 20日)

B : 4月(がつ) 20日(はつか)です。

1 ワン·アリョ· 6月 8日 → A : ______

B : ______

2 鈴木(すずき)· 7月 31日 → A : ______

B : ______

3 遠藤(えんどう)· 11月 1日 → A : ______

B : ______

4 橋本(はしもと)· 9月 5日 → A : ______

B : ______

5 田中(たなか)· 3月 14日 → A : ______

B : ______

6 キム·ジュウォン· 12月 10日 → A : ______

B : ______

낱말과 표현

お誕生日(たんじょうび) 생일(お를 더하여 존경 • 친애의 뜻을 나타냄)

DATE :　　.　　.

B

A：何月(なんがつ) 何日(なんにち) 何曜日(なんようび)ですか。(4月 3日 日曜日(にちようび))

B：4月(しがつ) 3日(みっか) 日曜日(にちようび)です。

1. 3月 2日 水曜日(すいようび)

   → B：＿＿＿＿＿＿＿＿＿＿

2. 4月 7日 木曜日(もくようび)

   → B：＿＿＿＿＿＿＿＿＿＿

3. 5月 9日 月曜日(げつようび)

   → B：＿＿＿＿＿＿＿＿＿＿

4. 6月 24日 金曜日(きんようび)

   → B：＿＿＿＿＿＿＿＿＿＿

5. 8月 6日 土曜日(どようび)

   → B：＿＿＿＿＿＿＿＿＿＿

6. 10月 4日 火曜日(かようび)

   → B：＿＿＿＿＿＿＿＿＿＿

DATE : . .

C

A : 休み(やす)は いつから いつまでですか。(休み(やす)・7/31~8/6)

B : 休み(やす)は 7月(がつ) 31日(にち)から 8月(がつ) 6日(むいか)までです。

1 テスト・ 4/19~4/23 → A : ______ B : ______

2 雪祭り(ゆきまつり)・ 2/7~2/13 → A : ______ B : ______

3 コンサート・ 3/20~4/10 → A : ______ B : ______

4 ミュージカル公演(こうえん)・ 2/14~5/29 → A : ______ B : ______

5 夏休み(なつやすみ)・ 7/10~8/30 → A : ______ B : ______

6 冬休み(ふゆやすみ)・ 12/10~2/28 → A : ______ B : ______

낱말과 표현

休み(やすみ) 휴일
テスト 시험
雪祭り(ゆきまつり) 눈 축제
コンサート 콘서트
ミュージカル 뮤지컬
公演(こうえん) 공연
夏休み(なつやすみ) 여름 방학
冬休み(ふゆやすみ) 겨울 방학

unit 06 톡톡 펜맨십 본책 91쪽

DATE : . .

한자

なんようび 何曜日 무슨 요일	なんようび 何曜日	なんようび 何曜日		
なんがつ 何月 몇 월	なんがつ 何月	なんがつ 何月		
なんにち 何日 며칠	なんにち 何日	なんにち 何日		
たんじょうび 誕生日 생일	たんじょうび 誕生日	たんじょうび 誕生日		
こんしゅう 今週 이번 주	こんしゅう 今週	こんしゅう 今週		
きょう 今日 오늘	きょう 今日	きょう 今日		

가타카나

テスト 테스트	テスト	
コンサート 콘서트	コンサート	
ミュージカル 뮤지컬	ミュージカル	

unit 07

本当(ほんとう)に かっこいいですね。

정말 멋있네요.

unit 07 톡톡 패턴 본 책 101-103쪽

DATE :   .   .

A

A : パソコンは 新(あたら)しいですか。(パソコン・新(あたら)しい)

B : いいえ、新(あたら)しく ないです。(＝新(あたら)しく ありません。)

1 教室(きょうしつ)・広(ひろ)い → A : ______________________

B : ______________________

2 今日(きょう)・寒(さむ)い → A : ______________________

B : ______________________

3 日本語(にほんご)・難(むずか)しい → A : ______________________

B : ______________________

4 漢字(かんじ)・易(やさ)しい → A : ______________________

B : ______________________

5 スカート・長(なが)い → A : ______________________

B : ______________________

6 駅(えき)・近(ちか)い → A : ______________________

B : ______________________

낱말과 표현

パソコン 컴퓨터
新(あたら)しい 새롭다
教室(きょうしつ) 교실
広(ひろ)い 넓다
今日(きょう) 오늘
寒(さむ)い 춥다
難(むずか)しい 어렵다
漢字(かんじ) 한자
易(やさ)しい 쉽다
スカート 치마
長(なが)い 길다
駅(えき) 역
近(ちか)い 가깝다

DATE :　　.　　.

B

A：この ケーキは とても おいしいですね。(ケーキ・おいしい)

B：そうですね。おいしい ケーキですね。

1 この 冬(ふゆ)・寒(さむ)い

→ A：

B：

2 この キムチ・辛(から)い

→ A：

B：

3 あの 会社(かいしゃ)・大(おお)きい

→ A：

B：

4 この 車(くるま)・新(あたら)しい

→ A：

B：

낱말과 표현

この 이	そうですね 그렇군요, 그렇네요	会社(かいしゃ) 회사
ケーキ 케이크	冬(ふゆ) 겨울	大(おお)きい 크다
とても 아주	キムチ 김치	車(くるま) 자동차
おいしい 맛있다	辛(から)い 맵다	
～ですね ~군요, ~네요	あの 저	

DATE : . .

C

A : どんな 店(みせ)ですか。(店(みせ)/安(やす)い, おいしい)

B : 安(やす)くて おいしい 店(みせ)です。

1 かばん/大(おお)きい, 高(たか)い

→ A : ______________________

B : ______________________

2 キムチ/辛(から)い, おいしい

→ A : ______________________

B : ______________________

3 スマートフォン/新(あたら)しい, 安(やす)い

→ A : ______________________

B : ______________________

4 部屋(へや)/明(あか)るい, 広(ひろ)い

→ A : ______________________

B : ______________________

낱말과 표현

どんな~ 어떤~	安(やす)い 싸다	明(あか)るい 밝다
店(みせ) 가게	部屋(へや) 방	広(ひろ)い 넓다

unit 07 톡톡 펜맨십 본책 105쪽

DATE : . .

한자

たかい 高い 비싸다, 높다	たかい 高い	たかい 高い		
やすい 安い 싸다	やすい 安い	やすい 安い		
あたらしい 新しい 새롭다	あたらしい 新しい	あたらしい 新しい		
ふるい 古い 오래되다, 낡다	ふるい 古い	ふるい 古い		
つよい 強い 강하다	つよい 強い	つよい 強い		
よわい 弱い 약하다	よわい 弱い	よわい 弱い		
ながい 長い 길다	ながい 長い	ながい 長い		

가타카나

ファイト 파이팅	ファイト	
タイプ 타입	タイプ	

unit 08

どんな 人(ひと)が 好(す)きですか。

어떤 사람을 좋아하세요?

unit 08 톡톡 패턴 본책 115–117쪽

DATE : . .

A

A : あの レストランは きれいですか。(あの レストラン・きれいだ)

B : いいえ、きれいじゃ ないです。(= きれいじゃ ありません)

1 街(まち)・静(しず)かだ → A : ______

B : ______

2 ワンさん・スリムだ → A : ______

B : ______

3 問題(もんだい)・簡単(かんたん)だ → A : ______

B : ______

4 学生(がくせい)・真面目(まじめ)だ → A : ______

B : ______

5 子供(こども)・元気(げんき)だ → A : ______

B : ______

6 店員(てんいん)・親切(しんせつ)だ → A : ______

B : ______

낱말과 표현

レストラン 레스토랑	問題(もんだい) 문제	子供(こども) 어린이, 아이
きれいだ 깨끗하다, 예쁘다	簡単(かんたん)だ 간단하다	元気(げんき)だ 건강하다, 활발하다
スリムだ 날씬하다, 슬림하다	学生(がくせい) 학생	店員(てんいん) 점원

DATE : . .

B

A：この 問題(もんだい)は 簡単(かんたん)ですね。(この 問題(もんだい)・簡単(かんたん)だ)

B：そうですね。簡単(かんたん)な 問題(もんだい)ですね。

1 あの 先輩(せんぱい)・ハンサムだ

→ A：

B：

2 あの 人(ひと)・真面目(まじめ)だ

→ A：

B：

3 この 人(ひと)・クールだ

→ A：

B：

4 あの 歌手(かしゅ)・有名(ゆうめい)だ

→ A：

B：

낱말과 표현

クールだ 쿨하다
有名(ゆうめい)だ 유명하다
歌手(かしゅ) 가수

DATE : . .

C

A：どんな 学生(がくせい)ですか。(学生(がくせい)/ハンサムだ・真面目(まじめ)だ)

B：ハンサムで 真面目(まじめ)な 学生(がくせい)です。

1 レストラン/きれいだ・親切(しんせつ)だ

→ A：

B：

2 子供(こども)/元気(げんき)だ・丈夫(じょうぶ)だ

→ A：

B：

3 スマートフォン/簡単(かんたん)だ・便利(べんり)だ

→ A：

B：

4 車(くるま)/楽(らく)だ・静(しず)かだ

→ A：

B：

낱말과 표현

ハンサムだ 핸섬하다	元気(げんき)だ 건강하다, 활발하다	便利(べんり)だ 편리하다
きれいだ 깨끗하다	丈夫(じょうぶ)だ 튼튼하다	車(くるま) 자동차
親切(しんせつ)だ 친절하다	スマートフォン 스마트폰	楽(らく)だ 편하다
子供(こども) 어린이, 아이	簡単(かんたん)だ 간단하다	静(しず)かだ 조용하다

unit 08 톡톡 펜맨십 본책 119쪽

DATE : . .

한자

すきだ	すきだ	すきだ		
好きだ 좋아하다	好きだ	好きだ		
まじめだ	まじめだ	まじめだ		
真面目だ 성실하다	真面目だ	真面目だ		
しんせつだ	しんせつだ	しんせつだ		
親切だ 친절하다	親切だ	親切だ		
ゆうめいだ	ゆうめいだ	ゆうめいだ		
有名だ 유명하다	有名だ	有名だ		
げんきだ	げんきだ	げんきだ		
元気だ 건강하다	元気だ	元気だ		
べんりだ	べんりだ	べんりだ		
便利だ 편리하다	便利だ	便利だ		

가타카나

ハンサム 핸섬	ハンサム	
スタイル 스타일	スタイル	
スマート 스마트	スマート	

unit 09 世界(せかい)で 一番(いちばん) すてきな 人(ひと)です。

세상에서 제일 멋진 사람이에요.

unit 09 톡톡 패턴 본 책 127–129쪽

DATE : . .

A

A : パスタと ピザと どちらが 好(す)きですか。(パスタ, ピザ)

B : パスタ(orピザ)の 方(ほう)が 好(す)きです。

1 東京(とうきょう), 京都(きょうと) → A : ______

B : ______

2 ヨガ, ジョギング → A : ______

B : ______

3 犬(いぬ), 猫(ねこ) → A : ______

B : ______

4 山(やま), 海(うみ) → A : ______

B : ______

5 白(しろ), 黒(くろ) → A : ______

B : ______

6 アメリカーノ, キャラメル マキアート → A : ______

B : ______

낱말과 표현

パスタ 파스타
ピザ 피자
ヨガ 요가
ジョギング 조깅
犬(いぬ) 개, 강아지
猫(ねこ) 고양이
山(やま) 산
海(うみ) 바다
白(しろ) 하양
黒(くろ) 검정
アメリカーノ 아메리카노
キャラメル マキアート 캐러멜 마키아토

DATE : . .

B

A : みかんと りんごと いちごの 中(なか)で どれが 一番(いちばん) 好(す)きですか。(みかん, りんご, いちご)

B : みかん(or りんご, いちご)が 一番(いちばん) 好(す)きです。

1 バナナ, パイナップル, オレンジ

→ A : ____________________

B : ____________________

2 焼酎(しょうちゅう), ワイン, ビール

→ A : ____________________

B : ____________________

3 サッカー, 野球(やきゅう), 水泳(すいえい)

→ A : ____________________

B : ____________________

4 ネックレス, イヤリング, 指輪(ゆびわ)

→ A : ____________________

B : ____________________

낱말과 표현

みかん 감귤	オレンジ 오렌지	野球(やきゅう) 야구
りんご 사과	焼酎(しょうちゅう) 소주	水泳(すいえい) 수영
いちご 딸기	ワイン 와인	ネックレス 목걸이
バナナ 바나나	ビール 맥주	イヤリング 이어링, 귀걸이
パイナップル 파인애플	サッカー 축구	指輪(ゆびわ) 반지

DATE :　　.　　.

C

A : 四季(しき)の 中(なか)で いつが 一番(いちばん) 好(す)きですか。(四季(しき), いつ)

B : 秋(あき)が 一番(いちばん) 好(す)きです。

1 動物(どうぶつ), 何(なに)

→ A : ____________________

B : ____________________

2 飲(の)み物(もの), 何(なに)

→ A : ____________________

B : ____________________

3 料理(りょうり), 何(なに)

→ A : ____________________

B : ____________________

4 スポーツ, 何(なに)

→ A : ____________________

B : ____________________

낱말과 표현

四季(しき) 사계, 사철	飲(の)み物(もの) 음료	すし 초밥
秋(あき) 가을	コーヒー 커피	ラーメン 라면
動物(どうぶつ) 동물	コーラ 콜라	スポーツ 스포츠
象(ぞう) 코끼리	ジュース 주스	野球(やきゅう) 야구
鹿(しか) 사슴	料理(りょうり) 요리	バスケットボール 농구
パンダ 판다	エビフライ 새우튀김	サッカー 축구

unit 09 톡톡 펜맨십 본책 131쪽

DATE : . .

한자

くだもの	くだもの	くだもの		
果物 과일	果物	果物		
いちばん	いちばん	いちばん		
一番 제일, 가장	一番	一番		
せ かい	せ かい	せ かい		
世界 세계, 세상	世界	世界		
し き	し き	し き		
四季 사계, 사철	四季	四季		
はいゆう	はいゆう	はいゆう		
俳優 배우	俳優	俳優		
か しゅ	か しゅ	か しゅ		
歌手 가수	歌手	歌手		

가타카나

ピザ 피자	ピザ	
コーラ 콜라	コーラ	
ジュース 주스	ジュース	

unit 10 このブラウスはいくらですか。

이 블라우스는 얼마예요?

unit 10 톡톡 패턴 141–143쪽

DATE :　　.　　.

A

A：ブラウスは いくらですか。(ブラウス・35,000ウォン)

B：ブラウスは 3万(さんまん) 5千(ごせん)ウォンです。

1. ネックレス・72,000ウォン → A：________ B：________
2. ワンピース・89,000ウォン → A：________ B：________
3. サングラス・127,000ウォン → A：________ B：________
4. ジャケット・145,000ウォン → A：________ B：________
5. ブーツ・98,000ウォン → A：________ B：________
6. 腕時計(うでどけい)・243,000ウォン → A：________ B：________

낱말과 표현

ブラウス 블라우스
ネックレス 목걸이
ワンピース 원피스
サングラス 선글라스
ジャケット 재킷
ブーツ 부츠
腕時計(うでどけい) 손목시계

DATE : . .

B

A : コーヒーは いくらですか。(コーヒー : アメリカーノ 2,500ウォン, カプチーノ 3,500ウォン)

B : アメリカーノは 2,500ウォンで、カプチーノは 3,500ウォンです。

1 ジュース : オレンジジュース 2,000ウォン, いちごジュース 3,000ウォン

→ A : ____________________

B : ____________________

2 ケーキ : チーズケーキ 4,300ウォン, チョコレートケーキ 3,800ウォン

→ A : ____________________

B : ____________________

3 アクセサリー : ネックレス 98,000ウォン, イヤリング 78,000ウォン

→ A : ____________________

B : ____________________

4 ハンバーガー : チーズバーガー 2,500ウォン, てりやきバーガー 4,000ウォン

→ A : ____________________

B : ____________________

낱말과 표현

コーヒー 커피	いちご 딸기	ネックレス 목걸이
アメリカーノ 아메리카노	ケーキ 케이크	イヤリング 이어링, 귀걸이
カプチーノ 카푸치노	チーズ 치즈	ハンバーガー 햄버거
ジュース 주스	チョコレート 초콜릿	てりやきバーガー 불고기버거
オレンジ 오렌지	アクセサリー 액세서리	

DATE :　　.　　.

C

A : コーヒーと ケーキ ください。
　全部(ぜんぶ)で いくらですか。(コーヒー 3,500ウォン, ケーキ 4,500ウォン)
B : コーヒーは 3,500ウォンで、ケーキは 4,500ウォンです。
　全部(ぜんぶ)で 8,000ウォンです。

1 ハンバーガー 3,000ウォン, コーラ 1,500ウォン

→ A : ____________________
　B : ____________________
　____________________

2 ワンピース 60,000ウォン, スカーフ 29,000ウォン

→ A : ____________________
　B : ____________________
　____________________

3 ネックレス 98,000ウォン, イヤリング 78,000ウォン

→ A : ____________________
　B : ____________________
　____________________

4 パスタ 9,800ウォン, ジュース 3,500ウォン

→ A : ____________________
　B : ____________________
　____________________

낱말과 표현

ワンピース 원피스　**ネックレス** 목걸이　**パスタ** 파스타
スカーフ 스카프　**イヤリング** 이어링, 귀걸이

unit 10 톡톡 펜맨십 본책 145쪽

DATE : . .

한자

いちば 市場 시장	いちば 市場	いちば 市場		
ぜんぶ 全部 전부	ぜんぶ 全部	ぜんぶ 全部		
てんいん 店員 점원	てんいん 店員	てんいん 店員		
なんまい 何枚 몇 장	なんまい 何枚	なんまい 何枚		
なんだい 何台 몇 대	なんだい 何台	なんだい 何台		

가타카나

スカーフ 스카프	スカーフ	
ブラウス 블라우스	ブラウス	
スカート 스커트, 치마	スカート	
ワンピース 원피스	ワンピース	